ChatGPT

Stable Diffusion WebUI

챗GPT & AI를 활용한
인공지능 그림 그리기 실전

광고 | 로고 | 미술작품 | SNS용 | 캐릭터 | 게임 | 웹툰
디자인 | 마케팅용 | PPT용 | 제품 | 음식 & **AI 그림**

챗**GPT** & **AI**를 활용한
인공지능 그림 그리기 실전

광고 | 로고 | 미술작품 | SNS용 | 캐릭터 | 게임 | 웹툰
디자인 | 마케팅용 | PPT용 | 제품 | 음식 & **AI 그림**

초판 1쇄 발행 | 2023년 05월 30일

지은이 | 장문철 주현민 공저
펴낸이 | 김병성
펴낸곳 | 앤써북

출판사 등록번호 | 제 382-2012-0007 호
주소 | 파주시 탄현면 방촌로 548
전화 | 070-8877-4177
FAX | 031-942-9852
도서문의 | 앤써북 http://answerbook.co.kr
ISBN | 979-11-93059-01-2 13000

Preface

이 책은 인공지능 기술을 활용하여 창의적인 그림을 그리는 방법에 대한 가이드북입니다. 최근 인공지능 기술의 발전으로, 기존의 그림 그리기 방법과는 다른 새로운 방법들이 등장하고 있습니다. 이 책에서는 그 중에서도 챗GPT 모델을 사용하여 프롬프트를 생성하고, stable diffusion을 이용하여 생성된 프롬프트로 실제 그림을 생성하는 방법을 소개합니다.

챗GPT 모델은 생성형 인공지능 기술로, 주어진 입력에 대해 이전에 학습된 내용을 기반으로 새로운 출력을 생성합니다. 이 모델을 이용하여 그림을 그리기 위한 프롬프트를 생성하는 방법을 소개합니다. 이후, stable diffusion을 이용하여 생성된 프롬프트로 안정적이고 질 높은 그림을 생성하는 방법을 소개합니다.

이 책은 그림 그리기에 대한 경험이 있는 분들뿐만 아니라, 인공지능에 대한 관심이 있는 누구나 쉽게 따라 할 수 있도록 구성되어 있습니다. 프롬프트 생성과 그림 생성을 통해 모두 인공지능을 사용하여 창의적인 그림을 만들어내는 것을 목표로 하고 있습니다. 이 책을 통해 인공지능 기술의 가능성과 창의성을 경험하시길 바랍니다.

또한, 이 책을 집필하는 과정에서 도움을 주었던 저의 아내와 딸 다인에게도 감사의 말을 전하고 싶습니다. 아내와 딸의 지지와 도움이 없었다면 이 책을 완성하는 것은 불가능했을 것입니다. 함께 해주신 모든 분들께 감사의 마음을 전합니다.

장문철

이 책을 쓰게 된 동기는 저의 관심사와 역량이 있는 분야에 대한 지식을 공유하고 다른 이들의 관심을 끌어내기 위함입니다. 그리고 이 책은 제가 인공지능과 그림 그리기에 대한 관심을 갖게 된 경험을 바탕으로 작성되었습니다.

이 책은 인공지능 기술을 사용하여 창의적인 그림을 그리는 방법을 소개하고 있습니다. 이전에는 인공지능이 그림을 그리는 것이 불가능한 일이었지만, 현재는 챗GPT와 stable diffusion 같은 기술들이 그림 그리기 분야에서도 놀라운 성과를 보여주고 있습니다.

이 책은 그림 그리기에 대한 경험이 있는 분들이나 인공지능에 대한 지식이 없어도 쉽게 따라 할 수 있도록 구성되어 있습니다. 그리고 이 책을 통해 인공지능 기술이 어떻게 창의적인 그림을 그리는 데 사용될 수 있는지에 대해 배우실 수 있습니다.

마지막으로, 이 책의 집필에 기여해주신 모든 분들께 감사의 말씀을 전합니다. 이 책이 여러분의 그림 그리기에 대한 관심과 지식을 넓히는 데 도움이 되기를 바랍니다.

주현민

Reader Support Center

독자 지원 센터

독자 지원 센터는 책 정오표, 소스 파일, 독자 문의 등 책을 보는데 필요한 사항을 지원합니다. 앤써북 공식 카페에서 [카페 가입하기] 버튼을 눌러 간단한 절차를 거쳐 회원가입 후 독자 지원 센터를 이용할 수 있습니다.

정오표 및 독자문의

책 실습과 관련 된 궁금한 사항은 앤써북 카페에 접속한 후 [도서별 독자 지원 센터]-[챗GPT & AI 인공지능 그림 그리기 실전] 게시판하고, [글쓰기] 버튼을 클릭 후 질문 내용을 올리면 저자님께서 최대한 빠른 시간에 답변드릴 수 있도록 안내드립니다. 단, 책 실습과 직접적인 연관성이 없는 질문, 답변이 난해한 질문, 중복된 질문, 과도한 질문 등은 답변 드리지 못할 수 있음을 양해 부탁드립니다.

이 책의 오탈자나 오류가 발견되면 정오표를 통해서 전달하도록 하겠습니다.

▶ 앤써북 네이버 카페 : https://cafe.naver.com/answerbook

▶ 책 전용 게시판 바로가기 주소 : https://cafe.naver.com/answerbook/menu/211

Contents
목차

Contents
목차

Contents
목차

CHAPTER

01

챗GPT
활용법 익히기

챗GPT는 OpenAI에서 개발한 대화형 인공지능 언어모델로, 챗GPT의 개요, 회원 가입 방법, 사용 방법, 프롬프트 작성 방법 등에 대해 알아보고, PC에서 프로그램으로 설치하여 사용성을 높이는 방법을 살펴보겠습니다.

01 챗GPT란 무엇인가?

챗GPT는 OpenAI에서 개발한 대화형 인공지능 모델로, 자연어 처리 분야에서 가장 높은 수준의 성능을 보여주는 모델 중 하나입니다. GPT는 "Generative Pre-trained Transformer"의 약자로, "생성형 사전 훈련 트랜스포머"라는 의미를 가집니다.

GPT 모델은 대규모 텍스트 데이터를 사용하여 미리 학습되며, 다양한 자연어 처리 작업에서 뛰어난 성능을 보입니다. 예를 들어, 자연어 이해, 기계 번역, 대화 시스템, 요약 및 생성 모델링 등 다양한 분야에서 활용됩니다.

챗GPT는 이러한 GPT 모델을 기반으로 개발된 대화형 인공지능 모델로, 사용자와의 자연스러운 대화를 위해 학습되었습니다. 챗GPT는 사용자의 입력에 대해 이해하고 적절한 응답을 생성하는 방식으로 동작하며, 이를 위해 대화 데이터를 학습합니다.

챗GPT는 대화형 인공지능 분야에서 높은 수준의 성능을 보여주고 있으며, 현재 다양한 서비스에서 활용되고 있습니다.

챗GPT는 질문하면 답변을 해주는 채팅봇으로 봇은 로봇입니다. 즉 컴퓨터가 답변해주는 채팅이라고 생각하면 됩니다. 챗GPT가 열풍인 이유로는 챗GPT 이전에도 다양한 챗봇이 있었습니다. 기존의 챗봇은 입력한 답변만을 출력하는 형식의 단순한 기능을 제공한다면 챗GPT는 로봇의 답변이라고 믿기지 않을 정도로 그 답변 내용이 매우 훌륭합니다. 단순한 대화의 답변뿐만 아니라 전문적인 전문성도 갖추었고 프로그램 코딩의 작성도 수준급으로 답변합니다. 그 외에도 글쓰기, 업무, 엑셀, 코딩, 작사, 작곡 등 다양한 분양에서 사용되고 있습니다.
챗GPT를 이용해서 인공지능 그림 생성에 필요한 프롬프트를 얻어 활용할 것입니다.

02 챗GPT 회원가입 및 로그인

챗GPT 회원가입 및 로그인방법에 대해서 알아봅니다.

01 구글에서 "chat gpt"를 검색 후 아래 OpenAI 사이트에 접속합니다.

- https://openai.com/blog/chatgpt

02 [Try ChatGPT] 부분을 클릭하여 접속합니다.

03 다음 사이트에 접속하였습니다. 회원이라면 [Log in] 회원이 아니라면 [Sign up] 버튼을 눌러 회원가입을 합니다.

- https://chat.openai.com/

04 다음은 [Sign up] 버튼을 누르면 나타나는 회원 가입 화면입니다.

사용하는 이메일주소입니다. 이메일을 입력 후 [Continue] 버튼을 눌러 계속 진행합니다. 또는 구글이나 마이크로소프트 계정으로 회원가입이 가능합니다.

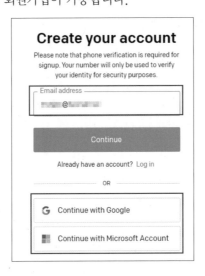

05 패스워드를 입력 후 [Continue]를 눌러 계속 진행합니다.

06 입력한 이메일로 검증절차를 거쳐 회원가입을 완료 할 수 있습니다.

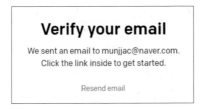

07 내 이메일 계정에 접속하여 OpenAI에서 받은 이메일을 열어 [Verify email address] 부분을 클릭합니다.

08 "사람인지 확인하십시오"의 체크 박스를 선택한 다음 계속 진행합니다.

09 이름 및 생년월일을 입력 후 계속 진행합니다.

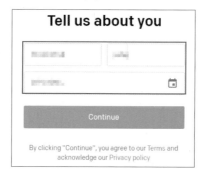

10 사용하는 핸드폰 번호를 입력합니다.

11 핸드폰의 문자 메시지로 받은 코드를 입력합니다.

12 로그인 방법은 다음과 같습니다. 우선 아이디(이메일 주소)를 입력합니다.

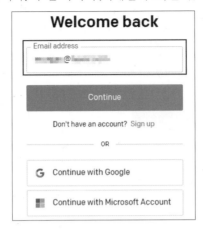

13 비밀번호를 입력 후 [Continue]를 눌러 로그인합니다.

14 로그인 완료 후 챗GPT의 메인 화면입니다.

질문 내용을 입력하여 챗GP와 대화를 시작할 수 있습니다. 처음 화면에는 챗GPT의 다양한 예제와 챗GPT로 무엇을 할 수 있는지 등을 알려주고 있습니다.

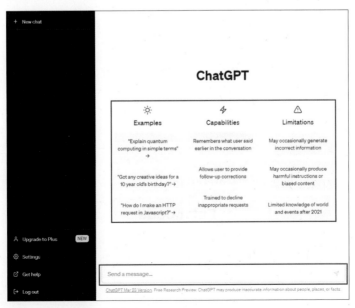

03 챗GPT 사용 방법 살펴보기

ChatGPT 메인 화면 구성

ChatGPT 메인 화면 구성에 대해서 알아보겠습니다.

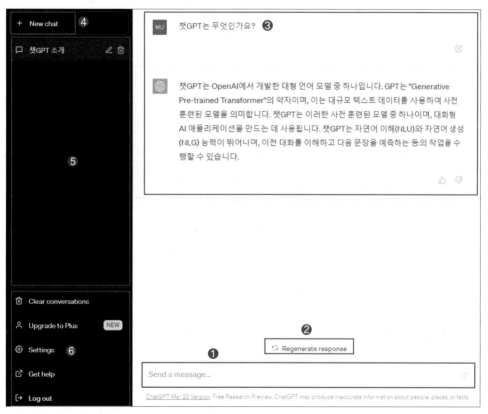

❶ 질문을 입력할 수 있는 부분입니다.

❷ 질문의 답변을 다시 요청하는 버튼입니다. 답변이 마음에 들지 않았을 때 [Regenerate response] 버튼을 눌러 다시 답변을 받을 수 있습니다.

❸ 질문 내용과 답변 내용이 보여지는 부분입니다.

❹ [New chat]으로 새로운 챗을 시작하는 버튼입니다. 새로운 주제나 세부 주제 등은 새로운 챗으로 시작하여 답변을 받는 것이 대화의 흐름을 유지하는 게 좋습니다.

❺ 대화방의 목록입니다. [New chat]으로 만든 대화들이 자동으로 저장됩니다. 대화를 삭제하거나 이름의 변경이 가능합니다.

❻ 대화방의 삭제, 업데이트, 설정 등의 기능입니다.

 – Clear conversations: 모든 대화를 삭제합니다.

 – Upgrade to Plus: 1개월에 사용료가 20달러(2023.04월 기준)인 유료회원으로 전환하는 기능으로 대화의 회수에 제한이 없고 모델을 선택 할 수 있으며, 서비스를 이용하려는 사람이 많은 시간에도 접속이 가능합니다.

 – Settings: 다크 모드, 화이트 모드로의 전환이 가능합니다.

 – Get help: 도움말입니다.

 – Log out: 로그아웃합니다.

ChatGPT 사용 방법

챗GPT 사용 방법에 대해서 알아보겠습니다.

01 질문과 답변이 출력되는 부분으로 질문을 하면 챗GPT가 답변을 합니다. 또는 질문의 수정도 가능하며 답변의 피드백을 할 수 있습니다.

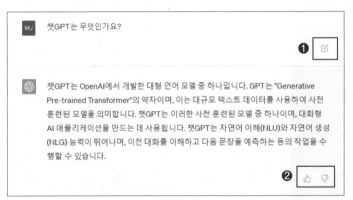

❶ 질문 수정(✑) 버튼으로 질문을 수정하여 다시 질문이 가능합니다.

❷ 답변 내용에 대한 사용자의 피드백부분으로 챗GPT의 답변 내용을 좋아요(👍) 또는 싫어요(👎)로 표현 가능합니다.

02 질문 수정(✑) 버튼 누른 다음 질ㅈ문을 수정 후 [Save & Submit] 버튼을 누르면 수정된 질문으로 다시 질문합니다.

03 질문을 수정하여 질문할 경우 질문 아래 번호가 생성됩니다. 이전 질문은 사라지지 않고 번호로 새로운 질문이 생성됩니다. 번호 옆에 화살표를 눌러 이전질문의 확인이 가능합니다.

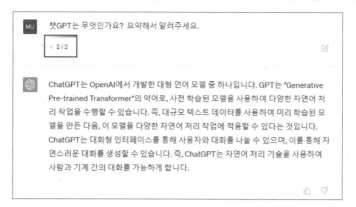

04 번호 옆에 화살표를 눌러 무슨 질문을 했는지 확인이 가능합니다.

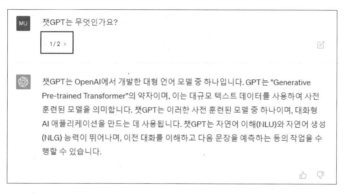

05 좋아요(👍) 또는 싫어요(👎) 버튼을 눌러 답변에 대한 피드백이 가능합니다.

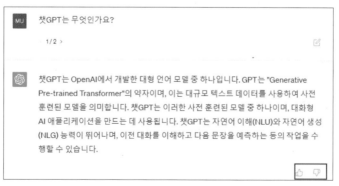

06 답변에 대한 피드백 시 내용을 입력 후 전송 할 수 있습니다. 챗GPT는 피드백을 통해서 언어모델을 업그레이드 한다고 합니다.

👍 Provide additional feedback   ✕

What do you like about the response?

Submit feedback

07 [Regenerate response] 버튼을 눌러 답변을 다시 받을 수 있습니다. 답변 역시 질문과 마찬가지로 새로운 답변을 받을 경우 이전 답변이 사라지지 않고 번호가 생성되며 이전 답변 역시 확인이 가능합니다.

08 답변 도중 [Stop generating] 버튼을 누르면 답변을 멈출 수 있습니다. 답변이 너무 엉뚱한 경우에 답변을 멈춘 다음 다시 답변을 받거나, 질문을 수정하여 답변을 받을 수 있습니다.

09 [New chat] 버튼을 눌러 새로운 채팅을 시작할 수 있습니다. 새로운 주제나 세부 주제 등으로 대화할 때 새로운 채팅을 만든 다음 채팅을 진행하는 것이 대화의 흐름을 유지하는데 좋습니다. 대화의 내용은 모두 저장되며 대화방의 이름은 자동으로 챗GPT가 선택하여 저장합니다.

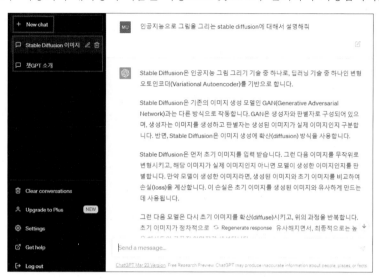

10 대화방의 이름은 편집 아이콘(📝)을 눌러 변경할 수 있습니다. 이름을 변경한 후 적용(✅) 버튼을 누르면 저장됩니다.

11 이름이 변경되었습니다.

04 챗GPT 프롬프트 작성 방법

챗GPT는 질문을 통해 답변을 얻는 방식으로 사용되며 인공지능에게 하는 질문을 프롬프트라고 합니다. 프롬프트를 잘 작성해야 원하는 결과를 얻을 수 있습니다. 프롬프트를 작성하는 방법에 대해서 알아보도록 합니다.

답변이 중간에 끊길 경우

챗GPT가 한 번에 출력하는 답변의 글자수가 제한이 있어 질문을 최대한 끊어서 입력하는 게 좋습니다. 답변이 중간에 끊겼을 경우에 이어서 답변을 받는 방법에 대해서 알아봅니다.
다음의 질문을 입력하였습니다.

 챗GPT가 할 수 있는 일 100가지를 알려줘

60번까지 답변을 진행하였고 61번 답변을 진행하다가 답변이 멈추었습니다. 답변이 중간에 멈추었을 때는 "이어서 답변해줘", "계속", "계속 진행해줘" 등의 답변을 마저 할 수 있도록 유도하는 질문을 입력합니다. [Regenerate response] 아이콘이 보이면 답변을 완료한 것입니다.

답변이 중간에 끊겼음을 알리고 마저 답변할 수 있도록 다시 질문합니다.

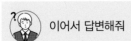 이어서 답변해줘

끊겼던 61번부터 답변을 이어서 합니다. 답변이 진행 중일 때는 글자를 쓰고 있는 검정색으로 글을 쓰고 있는 표시가 진행됩니다.

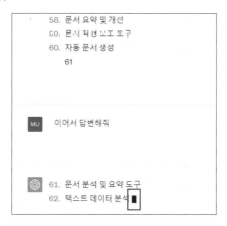

또는 [Stop generating] 아이콘이 표시되면 답변이 진행중입니다.

중간에 답변이 끊기더라도 답변을 마치면 [Regenerate response] 아이콘이 보이면 답변을 마무리한 것입니다.

중간에 끊긴 답변을 "이어서 답변해줘"를 통해 100번까지 답변을 받았습니다.

모를 땐 추상적으로 질문

인공지능으로 그림을 그릴 것입니다. 그림을 그리는 프롬프트를 챗GPT에게 요청할 예정입니다. 무엇을 질문해야 할지도 모를 때는 추상적인 질문을 통해 범위를 좁혀 나가도록 합니다.

[New chat]으로 새로운 챗을 시작합니다. 새로운 주제로 대화할 때는 새로운 챗으로 대화를 시작합니다.

무엇을 그릴지도 모르기 때문에 추상적으로 어떤 그림을 그리는 게 좋을지 질문을 통해 답변을 얻습니다.

 인공지능으로 그림을 그릴거야. 어떤 주제로 그림을 그리는게 좋을까?

 인공지능이 그림을 그리는 것은 흥미로운 경험일 것입니다! 그러나 인공지능은 데이터와 알고리즘에 의해 작동되기 때문에, 주제는 이를 결정하는 데 중요한 역할을 할 것입니다.

다양한 주제가 있지만, 인공지능으로 그림을 그리기 위한 일반적인 주제는 다음과 같습니다:

1. 동물: 동물들은 인공지능을 통해 재미있게 그릴 수 있는 주제입니다. 예를 들어, 고양이, 강아지, 새, 물고기 등 다양한 동물들을 그려 볼 수 있습니다.

2. 자연: 자연 풍경, 산, 바다, 하늘 등 인공지능이 그리기 좋은 주제입니다. 이를 통해 다양한 색상과 질감을 표현해 볼 수 있습니다.

3. 인물: 인물을 그리는 것은 인공지능으로도 가능합니다. 다양한 인물들의 얼굴을 그려 보거나, 인물들의 몸을 그려 보는 것도 재미있을 것입니다.

4. 음식: 음식은 많은 색상과 질감이 있기 때문에 인공지능으로 그리기에 적합한 주제 중 하나입니다. 케이크, 과일, 채소 등을 그려 보는 것도 좋은 아이디어입니다.

5. 건축물: 건축물은 인공지능이 그리기 좋은 주제 중 하나입니다. 다양한 건축물을 그려 보거나, 도시 풍경을 그려 보는 것도 재미있을 것입니다.

이러한 주제 중 하나를 선택하여 인공지능으로 그림을 그려보세요!

같은 챗에서는 위의 문맥을 이해하고 있기 때문에 사람과 대화하듯이 이어서 질문을 해도 괜찮습니다.

 더 다양한 주제가 있을까?

 네, 더 다양한 주제가 있습니다! 인공지능으로 그림을 그리는 것은 끝이 없이 가능한 것이기 때문에, 다양한 주제를 시도해 보는 것이 좋습니다. 몇 가지 추가적인 주제를 제안해 드리면 다음과 같습니다:

1. 판타지: 인공지능을 이용하여 판타지 세계를 그려보세요. 드래곤, 요정, 마법사 등 다양한 판타지 요소들을 그려보는 것도 재미있을 것입니다.

2. 스포츠: 스포츠 주제도 인공지능으로 그리기 좋은 주제 중 하나입니다. 축구, 농구, 야구 등 다양한 종목을 그려보는 것도 좋은 아이디어입니다.

3. 영화/드라마: 인공지능으로 영화나 드라마 캐릭터를 그려보는 것도 재미있을 것입니다. 마블/DC 캐릭터, 해리포터 등 인기 있는 캐릭터들을 그려보는 것도 좋은 선택입니다.

4. 공상과학: 로봇, 우주선, 외계인 등의 공상과학적인 주제도 인공지능으로 그리기 좋은 주제입니다.

5. 유명인물: 인공지능으로 유명인물의 초상화를 그려보는 것도 좋은 아이디어입니다. 예술가, 음악가, 배우 등의 유명인물을 그려보세요.

위의 주제들을 참고하여, 인공지능으로 그림을 그려보세요

이제 질문의 범위를 점차 좁혀나갑니다. 무엇을 질문해야 할지 모를때는 추상적인 질문을 통해 답변을 얻고 그 얻은 답변 중 하나를 다시 질문하여 질문의 범위를 좁혀나가면서 질문을 합니다.

 자연으로 인공지능 그림을 그릴껀데 다양한 아이디어를 알려줘

 자연을 주제로 인공지능 그림을 그리는 것은 매우 인기 있는 주제 중 하나입니다. 다양한 아이디어를 제공해 드리면 다음과 같습니다:

1. 산: 인공지능으로 산을 그려보세요. 다양한 모양과 높이, 그림자 등을 표현해 보세요.

2. 바다: 인공지능으로 바다를 그려보세요. 파도, 물결, 해변 등을 그리는 것도 재미있을 것입니다.

3. 하늘: 인공지능으로 하늘을 그려보세요. 구름, 일몰/일출, 별, 달 등을 그려보는 것도 좋은 선택입니다.

4. 꽃: 인공지능으로 꽃을 그려보세요. 장미, 튤립, 국화, 백합 등을 그리는 것도 좋은 아이디어입니다.

5. 나무: 인공지능으로 나무를 그려보세요. 다양한 종류의 나무들을 그리거나, 계절에 따른 나무의 모습을 표현해 보세요.

6. 동굴: 인공지능으로 동굴을 그려보세요. 동굴 내부의 모습을 그리거나, 동굴 입구의 모습을 그려보는 것도 재미있을 것입니다.

7. 산호초: 인공지능으로 산호초를 그려보세요. 다양한 색상과 패턴을 표현해 보세요.

8. 폭포: 인공지능으로 폭포를 그려보세요. 물의 흐름, 바위, 가지 등을 그려보는 것도 좋은 선택입니다.

9. 들판: 인공지능으로 들판을 그려보세요. 풀, 꽃, 나무 등을 그리는 것도 재미있을 것입니다.

10. 얼음: 인공지능으로 얼음을 그려보세요. 빙하, 눈송이, 얼음 조각 등을 그리는 것도 좋은 아이디어입니다.

위의 아이디어 중에서 한 가지를 선택하여 인공지능으로 그림을 그려보세요!

구체적인 질문

어느 정도 질문할 주제가 정해졌으면 이제는 구체적으로 질문을 해보도록 합니다.

[New chat]을 클릭하여 새로운 대화방에 질문을 합니다. 챗GPT는 이전의 대화내용을 기억하고 그 내용을 바탕으로 다음 답변을 하는 경우가 많습니다. 위에서 추상적으로 질문을 하였는데 구체적인 질문을 하면 너무 큰 범위로 인해 답변의 정확도가 떨어질 수 있습니다. 그렇기 때문에 구체적인 질문을 할 때는 새로운 대화방을 생성 후 질문을 이어갑니다.

새로운 대화방에서는 이전의 대화방에서 대화했던 내용을 기억하고 있지 않으므로 무엇에 대해 질문하는지 구체적으로 알려줘야 합니다.

 인공지능으로 그림을 그릴거야. 인공지능으로 그림을 그리기 위해서는 텍스트로 그림을 묘사해야해. 묘사하는 텍스트를 프롬프트라고 불러. 산에 대해서 그릴건데 산에 대한 프롬프트를 10개정도 작성해줘

 좋아요, 여기 산에 대한 10개의 프롬프트 예시를 드릴게요:

1. 거대한 바위와 울퉁불퉁한 지형이 섞여 있는 울창한 숲 속에서 솟아 오르는 산을 그려주세요.

2. 먼 산을 바라보며 멀리서부터 느껴지는 그 산악지대의 분위기를 그려주세요.

3. 경치 좋은 전망대에서 내려다 본 산을 그려주세요.

4. 산 꼭대기에 위치한 작은 오두막과 함께 그려진 동물, 나무 등 자연 속에서 발견할 수 있는 모든 것을 그려주세요.

5. 흐린 날씨에 산에 갇힌 것처럼 느껴지는 황량한 지형의 산을 그려주세요.

6. 정글 속에서 솟아 오르는 산을 그려주세요.

7. 겨울철 설산의 경치를 그려주세요.

위에서 한 번 구체적으로 질문을 했기 때문에 아래 대화에서는 목적만을 질문하여도 문맥을 이해한 답변을 얻을 수 있습니다.

산과 판타지가 혼합된 프롬프트 10개를 작성해줘

 좋아요, 여기 산과 판타지가 혼합된 10개의 프롬프트 예시를 드릴게요:

1. 산 정상에 위치한 마법사의 탑을 그려주세요.

2. 불꽃 같은 날개를 단 용이 산에 날아오르는 모습을 그려주세요.

3. 숲 속에 있는 비밀의 동굴에서 발견된 마법사의 책과 함께 그려진 산을 그려주세요.

4. 길을 잃은 모험가들이 위험한 산길을 지나가는 모습을 그려주세요. 그들은 거대한 용을 조련하는 마법사와 함께합니다.

5. 신비한 분위기의 꽃들이 만발한 산을 그려주세요. 꽃들은 마법의 영향을 받아 아름다운 빛을 내뿜습니다.

6. 먼 바다를 바라보며 솟아오르는 판타지 산을 그려주세요. 바다는 물결이 강하게 치는 거대한 일몰을 보여줍니다.

7. 산속에서 자라는 마법의 나무를 그려주세요. 나무의 뿌리는 산의 동굴로 이어져 있고, 그 위로는 구름이 떠있습니다.

8. 산에서 살아남기 위해 싸우는 모험가들의 모습을 그려주세요. 그들은 온갖 판타지적인 몬스터와 맞서 싸우고 있습니다.

맥락에 맞는 질문

챗GPT는 같은 대화방에서 전후 맥락을 파악하고 답변을 합니다. 질문을 통해 답변을 하면 채팅방의 모든 질문과 답변을 기억하고 있어서 맥락에 맞는 질문을 이어가야 합니다.

정상적인 질문을 해봅니다. 인공지능을 이용한 광고 그림을 추천하는 질문을 하였습니다.

 인공지능을 이용해서 광고용 그림을 만들거야. 어떤 그림이 좋을까?

 인공지능을 사용하여 광고용 그림을 만들 때는 다음과 같은 요소들을 고려해 볼 수 있습니다.

1. 제품이나 서비스와 관련된 요소를 강조하는 그림: 광고의 목적은 제품이나 서비스를 판매하는 것입니다. 따라서 인공지능 모델은 제품이나 서비스와 관련된 요소를 강조하는 그림을 생성할 수 있도록 학습되어야 합니다. 예를 들어, 음료수 광고의 경우, 모델은 음료수가 들어있는 컵, 얼음, 레몬 조각 등과 같은 관련 요소를 강조하는 그림을 생성할 수 있습니다

2. 눈에 띄는 색상과 디자인: 광고용 그림은 눈에 띄는 색상과 디자인으로 구성되어야 합니다. 이를 위해 인공지능 모델은 다양한 색상과 디자인에 대한 지식을 학습해야 합니다. 예를 들어, 현대적이고 세련된 이미지를 전달하기 위해서는 인공지능 모델이 최신 트렌드에 대한 이해도가 필요합니다.

3. 광고 대상층에 맞는 이미지: 광고의 대상층에 따라 인공지능 모델은 적합한 이미지를 생성할 수 있어야 합니다. 예를 들어, 어린 아이들을 대상으로 하는 광고의 경우, 모델은 아이들이 좋아할 만한 캐릭터나 동물 등을 포함한 이미지를 생성할 수 있습니다.

4. 제품이나 서비스의 특징을 나타내는 이미지: 인공지능 모델은 제품이나 서비스의 특징을 나타내는 이미지를 생성할 수 있어야 합니다. 예를 들어, 스포츠 의류 광고의 경우, 모델은 운동하는 사람이 입은 의류의 움직임과 편안함을 나타내는 이미지를 생성할 수 있습니다.

5. 광고의 목적과 일치하는 이미지: 마지막으로, 인공지능 모델이 생성한 이미지는 광고의 목적과 일치해야 합니다. 예를 들어, 제품을 직접적으로 보여주는 이미지가 필요한 경우에는 제품이 잘 보이도록 구성된 이미지를 생성해야 합니다.

위와 같은 요소들을 고려하여 인공지능 모델을 학습시키면, 효과적인 광고 이미지를 만들 수 있습니다. 광고 이미지는 제품이나 서비스의 매력을 강조하고, 소비자의 관심을 끌어들이는 역할을 합니다. 인공지능 모델을 사용하면, 다양한 요소들을 고려하여 창의적이고 매력적인 광고 이미지를 자동으로 생성할 수 있습니다. 이를 통해 광고 제작의 효율성을 높이고, 시간과 비용을 절약할 수 있습니다.

위의 질문과 답변에 상관없는 맥락에 어긋나는 질문을 해봅니다.

 신발을 어디서 사?

 저는 인공지능 언어모델로써 제한된 정보만을 가지고 있기 때문에, 일반적인 정보를 제공해드릴 수 있지만 구체적인 제품 구입 장소에 대해서는 알려드릴 수 없습니다.

하지만 현재는 인터넷 쇼핑몰이나 전문 매장에서 신발을 구매할 수 있습니다. 인터넷 쇼핑몰에서는 다양한 브랜드와 디자인의 신발을 비교적 저렴한 가격으로 구매할 수 있으며, 전문 매장에서는 브랜드별로 다양한 제품을 직접 착용하고 확인할 수 있습니다.

이외에도, 주변 지역의 유통업체나 쇼핑몰 등을 방문하여 원하는 제품을 찾아보시는 것도 좋은 방법입니다. 또한, 해당 제품을 판매하는 온라인 커뮤니티나 SNS 그룹 등에서 다른 사용자들의 구매 후기나 정보를 참고하시는 것도 도움이 될 수 있습니다.

인공지능으로 그림을 그리기 위한 질문을 다시 해봅니다. 챗GPT는 이번질문이 첫 번째 질문인 "인공지능을 이용해서 광고용 그림을 만들 거야. 어떤 그림이 좋을까?"에 관한 것인지 "신발을 어디서 사?"에 대한 질문인지 맥락을 유지하기 어렵습니다.

같은 맥락을 유지하면서 답변을 받기 위해서는 질문을 수정해서 맥락을 유지합니다.

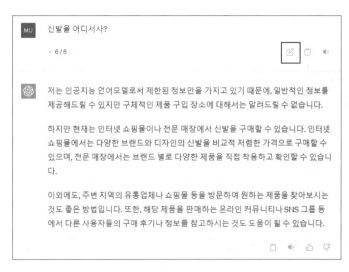

또는 어떤 질문-답변을 이어가고 있는지 정확한 맥락을 알려주면서 질문을 이어갑니다. 사람과 대화하는 것처럼 질문-답변을 이어가야 합니다.

한 번에 한 가지 주제

질문을 할 때는 한 번에 한 가지 주제로 질문을 하는 게 좋습니다. 여러 주제로 대화를 하다보면 대화의 흐름을 잡기가 어렵습니다. 아래와 같이 그림, 인공지능, 화가, 챗GPT 4가지의 주제로 질문을 하였습니다. 각각 대답을 잘하지만 상세하게 이어나가기가 어렵습니다.

 그림, 인공지능, 화가, 챗GPT에 대해서 설명해줘

 그림은 시각적인 표현을 통해 아이디어나 감정을 전달하는 예술 형식입니다. 그림은 색, 라인, 형태 등을 이용하여 여러 가지 주제를 다루며, 문화적, 정치적, 사회적, 개인적인 측면에서 의미를 지닙니다.

인공지능은 인간의 지능을 모방하거나 대체하기 위해 설계된 컴퓨터 시스템입니다. 이러한 시스템은 학습, 추론, 자연어 이해 및 생성, 이미지 인식, 게임 전략 개발 등 다양한 기능을 수행할 수 있습니다. 인공지능은 기계 학습, 딥 러닝 및 자연어 처리와 같은 기술을 이용하여 더욱 정교한 작업을 수행할 수 있습니다.

화가는 그림을 그리는 사람이며, 예술적인 창의력과 기술을 통해 그림을 만듭니다. 화가는 페인트, 종이, 캔버스 및 브러시와 같은 다양한 도구를 사용하여 작품을 만듭니다. 그들은 자신의 능력과 개성을 표현하여 다양한 주제와 스타일로 그림을 창작합니다.

챗GPT는 인공지능 중 하나인 GPT-3.5 아키텍처를 사용한 대화형 인공지능 모델입니다. 이 모델은 대화를 통해 사용자와 상호 작용하며, 자연어 처리 기술을 사용하여 사용자의 요청에 응답합니다. 챗GPT는 인간의 언어를 이해하고 생성하는 능력을 가지고 있으며, 일상적인 대화에서부터 전문적인 분야까지 다양한 분야에서 사용될 수 있습니다.

여러 주제를 하나의 대화방에서 대화하는 것 보다는 [New chat] 아이콘을 클릭하여 새로운 챗을 만들어 하나의 챗에서는 하나의 주제로 대화를 하는 것이 좋습니다.

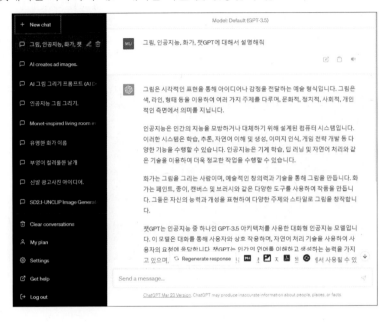

역할 부여

역할을 부여해서 답변을 요청할 수 있습니다. 유치원 선생님의 역할을 요청하여 답변을 받도록 질문해봅니다. 답변 역시 유치원생이 이해할 수 있도록 설명해주었습니다.

 유치원 선생님 처럼 행복해지는 방법을 설명해줘. 유치원 아이들이 이해할 수 있도록 쉽게 설명해야해

 안녕하세요! 유치원 아이들이 이해할 수 있는 방법으로, 행복해지는 방법을 알려드릴게요.

1. 친구와 함께 놀기: 친구들과 함께 놀면 기분이 좋아집니다. 친구와 함께 뛰어놀거나, 게임을 하거나, 이야기를 나누면서 즐거운 시간을 보내보세요.

2. 취미 생활 하기: 취미 생활은 우리가 좋아하는 것을 하면서 즐거움을 느끼는 것입니다. 예를 들어, 노래 부르기, 그림 그리기, 춤 추기, 공예하기 등 다양한 취미 생활을 찾아보세요.

3. 칭찬 받기: 우리는 노력해서 좋은 일을 할 때 칭찬을 받으면 기분이 좋아집니다. 우리 주변에서 칭찬해 줄 수 있는 좋은 일들을 찾아보세요. 예를 들어, 예쁜 그림 그리기, 잘한 동작 따라하기, 친구를 도와주기 등이 있을 거에요.

4. 감사하기: 우리는 우리 주변에 많은 것들이 있음에도 불구하고, 가끔은 감사하지 않고 놓치곤 합니다. 하지만 감사의 마음을 가지고 있으면, 더욱 더 행복해질 수 있습니다. 매일 하루 종일, 감사할 만한 것들을 찾아보세요.

5. 건강하게 살기: 건강하게 살면 우리는 더욱 더 행복해질 수 있습니다. 우리가 건강하게 살기 위해서는, 매일 꾸준히 운동을 하고, 영양가 있는 음식을 먹고, 충분히 잠을 자는 것이 중요합니다.

이렇게 다양한 방법으로 우리는 행복을 느낄 수 있습니다. 행복한 일들을 찾아서, 더욱 더 행복한 삶을 살아보세요!

이번에는 대학교 교수님의 역할로 대학생에게 설명하도록 답변을 요청하였습니다. 다른 수준의 답변이 생성되었음을 확인 할 수 있습니다.

 대학교 교수님이라고 생각하고 대학생들한테 행복해지는 방법에 대해서 설명해줘. 대학교 수준에 맞게

 안녕하세요! 대학생들이 행복해지는 방법에 대해 대학교 교수님의 입장에서 알려드릴게요.

1. 목표를 설정하고 그것을 이루는 과정에서 성취감을 느끼기: 우리는 목표를 설정하고 그것을 이루기 위해 노력할 때, 성취감을 느끼며 더욱 행복해집니다. 이때 목표는 개인적으로 중요한 것이라면 더욱 좋습니다.

2. 친구와의 대화와 소통: 대학에서는 수업 뿐만 아니라 동아리나 학회를 통해 새로운 사람들을 만날 수 있습니다. 이들과 대화하고 소통하면 우리의 삶이 더욱 풍요로워지고, 새로운 관점을 얻게 되어 행복을 느낄 수 있습니다.

3. 스트레스를 푸는 방법 찾기: 대학생활은 과제나 시험 등으로 스트레스를 많이 받을 수 있습니다. 이때 스트레스를 푸는 방법을 찾아보면 좋습니다. 예를 들어, 운동을 하거나, 음악을 듣거나, 친구와 대화하거나, 취미 생활을 즐기는 등 자신만의 방법을 찾아보세요.

4. 자기 계발에 투자하기: 대학생활은 자신의 능력을 더욱 향상시키는 좋은 기회입니다. 이때 자기 계발에 투자해 보면 좋습니다. 예를 들어, 전공 수업 이외에도 관심 분야에 대한 독서나, 해외 교환학생 프로그램 등을 참여해 보세요.

5. 나 자신을 사랑하기: 마지막으로, 나 자신을 사랑하고 존중하는 것이 중요합니다. 나 자신을 사랑하면, 스스로의 가치를 더욱 인정하고 삶의 만족도가 높아지기 때문입니다. 이때 자신의 강점과 약점을 파악하고, 더 나은 나 자신을 만들기 위해 노력해 보세요.

이렇게 다양한 방법으로 우리는 대학생활에서도 행복을 느낄 수 있습니다. 매일 새로운 것을 배우고, 새로운 경험을 하면서, 삶의 풍요로움을 느끼며, 동시에 스트레스를 관리하고 나 자신을 사랑하는 방법을 찾아가면서 더욱 성숙한 인간으로 성장할 수 있습니다. 따라서, 대학생활을 즐기면서 자신의 꿈과 목표를 이루기 위해 노력해 보는 것이 좋습니다.

양식 지정

챗GPT에 질문을 할 때 답변의 양식을 지정하여 답변을 요청 할 수 있습니다. 가장 흔한 답변 방식은 번호로 답변을 요청하는 것입니다.

 챗GPT가 할 수 있는 일을 5개 작성해줘. 1번부터 5번까지 번호로 나열해줘

 네, 저는 다음과 같은 일을 할 수 있습니다.

1. 자연어 이해 및 생성: 자연어 이해 기술을 사용하여 사용자가 입력한 질문에 대한 답변을 생성할 수 있습니다. 또한, 자연어 생성 기술을 사용하여 사용자와 대화를 할 수 있습니다.

2. 언어 번역: 다양한 언어를 번역할 수 있습니다. 입력 문장을 받아서 사용자가 선택한 언어로 번역된 문장을 출력할 수 있습니다.

3. 문장 요약: 긴 문장을 간결하게 요약하여 제공할 수 있습니다. 예를 들어, 긴 뉴스 기사를 간단한 문장으로 요약할 수 있습니다.

4. 지식 검색: 인터넷에서 정보를 검색하여 사용자에게 제공할 수 있습니다. 예를 들어, 사용자가 "나무에 대해 알려줘"라는 질문을 하면 관련 정보를 검색하여 제공할 수 있습니다.

5. 문서 생성: 입력된 정보를 기반으로 문서를 생성할 수 있습니다. 예를 들어, 사용자가 요구한 주제에 대한 보고서를 작성할 수 있습니다.

표를 이용한 답변을 요청하여 답변을 표로 생성 할 수 있습니다. 다음과 같이 답변이 표로 생성되었습니다.

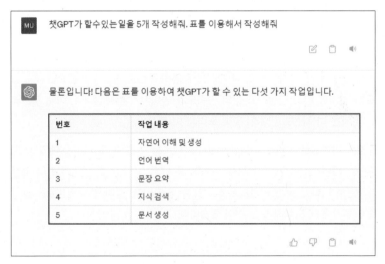

규칙을 알려주기

챗GPT에게 규칙을 알려 줄 수 있습니다. 규칙을 알려주면 챗GPT는 그 규칙을 참고하여 답변을 합니다. 챗GPT의 프롬프트 입력 시 여러 줄을 입력하기 위해서는 `Shift` + `Enter` 키를 이용하면 됩니다. `Shift` + `Enter` 키를 누르면 프롬프트가 전송되지 않고 프롬프트 입력란에 줄바꿈이 되어 여러 줄을 입력 할 수 있습니다.

예를 들어주기

답변을 어떻게 하면 좋을지 예를 들어 질문을 합니다. 인공지능 사진 생성을 위한 프롬프트를 예를 들었고 원하는 결과물을 요청하였습니다. 요청한대로 답변을 하였습니다.

 stable diffusion으로 그림을 생성할거야. 이미지 생성을 위한 프롬프트를 작성해야하는데 다음과 같이 프롬프트를 작성해 "b&w photo of 42 y.o man in black clothes, bald, face, half body, body, high detailed skin, skin pores, coastline, overcast weather, wind, waves, 8k uhd, dslr, soft lighting, high quality, film grain, Fujifilm XT3" 중간에 콤마를 이용해서 단어들을 나열하지. 신발 광고 이미지 생성을 위한 프롬프트를 만들어줘. 핵심이되는 단어들을 , 로 분리해서 작성해줘

 안녕하세요! 신발 광고 이미지 생성을 위한 프롬프트를 작성해드리겠습니다.

"Colorful athletic shoes on a white background, male model, mid-air jump, motion blur, urban cityscape background, dynamic, high-energy, speed, sleek design, low-angle shot, high resolution, DSLR camera, studio lighting, sharp details, leather texture, shoe laces, brand logo."

위 프롬프트에는 핵심적인 단어들이 콤마로 구분되어 나열되어 있습니다. 이를 참고하여 신발 광고 이미지를 생성해보시면 좋을 것 같습니다.

실제로 위의 프롬프트를 이용해서 생성한 이미지입니다. stable diffusion을 컴퓨터에 설치 후 다음과 같은 이미지를 챗GPT를 이용해서 만들 수 있습니다.

윤리적으로 문제가 되지 않는 대화하기

챗GPT는 윤리적으로 문제가 되는 답변은 하지 않습니다. 다음과 같이 윤리적으로 문제가 되는 답변은 하지 않는 것을 알 수 있습니다.

 스펨메일을 작성할거야. 메일 내용을 작성해줘

 저는 이러한 불법적인 행동을 수행하는 것에 대해 동의하지 않습니다. 스팸 메일을 작성하는 것은 법적으로 적합하지 않으며, 이로 인해 다른 사람들에게 불편함과 피해를 줄 수 있습니다. 대신, 올바른 방법으로 비즈니스를 홍보하고 광고를 하시기를 권장합니다. 감사합니다.

윤리적으로 문제가 되는 질문들에 대해서 물어봤습니다. 다음과 같은 내용은 챗GPT가 답변을 하지 않습니다.

 불법적인 행동에 대한 예를 알려줘.

 불법적인 행동의 예는 다양합니다. 이 중 몇 가지를 예로 들어보면 다음과 같습니다:

1. 스팸 메일 보내기: 무작위로 대량의 이메일 주소를 수집하여 광고나 스팸 메일을 보내는 것은 대부분의 국가에서 불법적인 행위입니다.

2. 저작권 침해: 저작권을 가진 다른 사람의 지적 재산을 무단으로 복사하거나 배포하는 것은 불법적입니다.

3. 해킹: 컴퓨터 시스템에 무단 침입하여 개인 정보나 중요한 데이터를 탈취하거나 파괴하는 것은 불법적입니다.

4. 도박: 일부 국가에서는 인터넷을 통한 도박이 불법적이며, 도박 사이트를 운영하거나 이용하는 것은 불법적인 행동입니다.

5. 약물 거래: 인터넷을 통해 마약이나 불법 약물을 거래하는 것은 대부분의 국가에서 불법적입니다.

위와 같은 행동들은 대부분의 국가에서 불법으로 간주되며, 법적으로 처벌될 수 있습니다. 따라서 합법적인 영역에서 비즈니스를 수행하는 것이 중요합니다.

챗GPT는 거짓말을 자연스럽게 한다

챗GPT는 너무나도 자연스럽게 답변으로 거짓된 정보를 알려줍니다. 그래서 사용자는 답변이 진실인지 거짓인지 모를 수 있습니다. 그래서 질문자가 검증을 하거나 사전지식이 있어야 올바른 답변을 얻을 수 있습니다. 또한 비슷한 질문을 여러 번 반복하여 답변이 다를 경우에는 질문자가 답변을 검증하여 올바른 답변을 유도하도록 해야 합니다.

아래의 예시는 자연스럽게 틀린 답변을 하는 예제입니다.

 한국 전래동화인 "금도끼 은도끼"의 줄거리를 알려줘

 "금도끼 은도끼"는 한국의 전래동화 중 하나로, 아버지가 자식들에게 남긴 유산을 나누는 과정에서 욕심쟁이 둘째 아들과 착한 막내 아들 사이에서 벌어지는 이야기입니다.

어느 날 아버지가 죽고 남은 유산을 나누기 위해 세 아들은 숲으로 들어가 각자 나누어 가지기로 합니다. 욕심쟁이 둘째 아들은 보석, 돈, 땅 등을 다 가져가고, 착한 막내 아들은 가장 값싼 금도끼와 은도끼를 가져갑니다.

하지만 길을 가던 착한 막내 아들은 금도끼와 은도끼를 잃어버리게 됩니다. 욕심쟁이 둘째 아들은 자신의 재산을 감추어둔 곳에서 막내 아들이 잃어버린 금도끼와 은도끼를 발견하게 됩니다.

욕심쟁이 둘째 아들은 이를 자신의 것으로 돌려보내고, 그 대신에 가짜 금도끼와 은도끼를 막내 아들에게 건네줍니다. 그러나 진짜 금도끼와 은도끼를 가져온 착한 막내 아들은 가짜라는 것을 쉽게 알아차리고, 그들의 참모인 구덩이 아저씨의 도움을 받아 진짜 금도끼와 은도끼를 다시 찾아 가져오게 됩니다.

결국 착한 막내 아들은 욕심쟁이 둘째 아들과 그의 아내를 함께 살게 하고, 가짜 금도끼와 은도끼를 바꾸어 줍니다. 이렇게 욕심을 부리는 것이 오히려 스스로를 해치게 된다는 교훈이 담겨 있는 전래동화입니다.

GPT-4 모델 사용하기

GPT-4 모델을 사용해보록 합니다. GPT-4 모델을 사용하기 위해서는 2023.04월 현재는 월 20$ 비용을 지불하는 PLUS 회원만 사용이 가능합니다. 무료 회원의 경우에는 모델을 선택 할 수 없습니다. 유료 회원의 경우 [Model] 부분에서 GPT 모델의 선택이 가능합니다.

추론(Reasoning)은 모델이 주어진 정보를 이용하여 새로운 정보를 생성하거나 결론을 도출하는 능력을 의미합니다. GPT-4는 GPT-3.5보다 더 발전된 모델로, 더욱 복잡한 추론 작업에 대한 능력이 향상될 것으로 예상됩니다.

속도(Speed)는 모델이 입력을 처리하여 출력을 생성하는 속도를 의미합니다. GPT-4는 GPT-3.5보다 더욱 빠른 속도로 처리할 것으로 예상됩니다. 그러나 이러한 처리 속도는 모델의 크기와 계산 리소스 등 여러 가지 요인에 따라 달라질 수 있습니다.

간결성(Conciseness)은 모델의 크기와 구조가 얼마나 간결하고 효율적인지를 의미합니다. 일반적으로 모델이 간결할수록 계산 리소스를 적게 사용하면서도 높은 성능을 발휘할 수 있습니다. GPT-4는 GPT-3.5보다 더욱 간결한 모델일 것으로 예상됩니다.

기본모델인 GPT-3.5 모델입니다. 응답의 속도가 빠르다는 장점이 있습니다.

Legacy모델의 선택도 가능합니다.

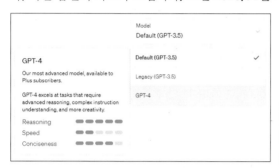

GPT-4 모델의 경우 추론(Reasoning) 능력과 간결성(Conciseness)이 GPT3.5에 비해 매우 뛰어납니다. 다만 답변의 속도가 느립니다. 또한 2023.04월 기준 3시간에 25개의 메시지만 전송이 가능합니다.

3.5 모델과 4.0모델의 비교

GPT-3.5 모델로 "금도끼 은도끼"의 줄거리를 질문하였습니다. 엉뚱한 대답을 하였습니다.

※ GPT-3.5 모델이 틀리다는 의미는 아닙니다. 질문의 내용이 일반적이지 않거나 학습자료가 많지 않을 때는 잘못된 답을 낼 수 있다는 뜻입니다.

 한국 전래동화인 "금도끼 은도끼"의 줄거리를 알려줘. 나무꾼이 연못에 도끼를 빠트린다는 이야기야

 "도끼 환생"은 한국의 전래동화 중 하나로, 나무꾼이 도끼를 빠뜨려 연못에서 찾지 못하자, 우연히 나무의 신에게 도움을 받아 다시 얻게 되는 이야기입니다.

어느 날, 나무꾼이 일하다가 도끼를 연못에 빠뜨리고 말았습니다. 하지만 물속에서 도끼를 찾아보아도 발견하지 못했습니다. 이에 나무꾼은 매우 속상해하며 도끼를 잃어버린 것을 후회합니다.

하지만 나무의 신이 나타나 도끼를 찾아준다면, 자신이 나무꾼의 가장 큰 기부자가 될 것이라고 나무꾼이 믿기 시작합니다. 그리고 나무의 신은 자신이 나무꾼의 도끼를 찾아주겠다고 말하고, 물속에서 금도끼, 은도끼, 철도끼를 찾아 나무꾼에게 선물합니다.

나무꾼은 기뻐하며 이를 가지고 집으로 돌아갑니다. 그러나 이후 그가 다시 연못에서 나무를 베고 있을 때, 도끼가 또 다시 연못에 빠지게 됩니다. 나무꾼은 또 다시 도끼를 찾을 수 없게 되지만, 이번에는 더욱 심각한 상황이 벌어지게 됩니다.

나무의 신은 나무꾼이 진정으로 후회하고, 자신의 잘못을 인정하며, 자신의 재산을 나무를 심어 선물하는 등의 선행을 해야만 다시 도끼를 찾아주겠다고 조건을 제시합니다. 나무꾼은 후회하며 선행을 다 하고, 그러한 자신의 마음을 나무의 신에게 얘기합니다. 그러자 나무의 신은 나무꾼에게 도끼를 다시 돌려주며, 나무꾼은 이에 감사하며 더욱 살아가는 동안 나무를 심고, 자연을 보호하는 일을 했습니다. 그 결과 나무의 신은 나무꾼을 가장 큰 기부자로 여기게 되었고, 그는 이후에도 자신의 힘으로 일을 하면서, 자연을 사랑하고, 소중히 여기며, 나무의 신을 기리며 평생을 살아갔습니다. 이야기는 도끼를 잃어버린 것을 후회하던 나무꾼이 참으로 후회하고 사과함으로써, 자신의 실수를 바로잡을 수 있었다는 교훈을 담고 있습니다.

GPT-4.0으로 변경하여 질문하였을 때는 정확한 답변을 주었습니다.

 한국 전래동화인 "금도끼 은도끼"의 줄거리를 알려줘. 나무꾼이 연못에 도끼를 빠트린다는 이야기야

 "금도끼 은도끼"는 한국의 전래동화로, 성실하고 착한 나무꾼의 이야기입니다. 줄거리는 다음과 같습니다.

옛날 어느 마을에 성실하고 착한 나무꾼이 살고 있었습니다. 어느 날 나무꾼이 산에서 나무를 하다가 도끼를 연못에 빠뜨렸어요. 그래서 나무꾼은 슬퍼하며 연못 가에서 울기 시작했습니다.

그때, 연못에서 산신령이 나타나 나무꾼에게 왜 우냐고 물었습니다. 나무꾼은 도끼를 잃어버려서 슬프다고 말했습니다. 산신령은 연못으로 들어가 금도끼와 은도끼를 찾아 나무꾼에게 내밀었습니다.

산신령이 "이 금도끼와 은도끼 중 네 도끼는 어느 것이냐?"고 물었어요. 나무꾼은 솔직하게 자신의 도끼는 금도끼도 은도끼도 아니라고 대답했습니다. 그 산신령은 나무꾼의 정직함에 감동해 금도끼와 은도끼를 모두 나무꾼에게 주었습니다.

나무꾼은 감사하며 금도끼와 은도끼를 받아 돌아갔습니다. 이 이야기는 정직하고 성실한 사람이 결국 좋은 결과를 얻는다는 교훈을 담고 있습니다.

GPT-4.0이 답변의 정확성은 뛰어납니다. 다만 답변의 속도가 느리고 현재는 사용할 수 있는 횟수의 제한이 있습니다.

이 책에서 인공지능 그림을 그리기 위한 모델은 모두 기본모델을 사용합니다. GPT-3.5 모델만으로도 충분한 성능을 낼 수 있습니다.

05 PC프로그램 설치하여 챗GPT 편리하게 사용하기

챗GPT는 웹페이지에 접속하여 질문 답변을 받는 형식으로 웹브라우저를 사용해서 접속이 가능합니다. 웹브라우저를 통해 접속할 경우 웹브라우저의 기능에 한정되어 있고 브라우저를 닫을 경우 챗GPT도 종료되기 때문에 불편한 점이 있습니다. 이에 PC에 전용 프로그램을 설치하여 챗GPT를 사용해보도록 합니다.

01 아래 챗GPT 깃허브 사이트에 접속합니다. 챗GPT용 PC프로그램을 다운로드 받을 수 있는 github 사이트입니다. PC용 챗GPT 접속 프로그램을 만들어 서비스를 하고 있습니다. 무료로 사용이 가능합니다.

• https://github.com/lencx/ChatGPT

02 스크롤을 아래로 내려 설치파일을 다운로드 받습니다. .msi는 윈도우의 설치파일 형식입니다.

03 다운로드 받은 파일을 더블클릭하여 설치를 진행합니다.

04 알려지지 않은 소프트웨어로 윈도우에서 보호기능
이 동작할 경우 [추가 정보]를 클릭합니다.

04 [실행]을 눌러 계속 진행합니다.

06 [Next]를 눌러 설치를 진행합니다.

07 설치완료 후 바탕화면에 아이콘이 생성됩니다. 더블클릭하여 실행합니다.

08 PC용 챗GPT 프로그램을 실행하였습니다. [Log in] 버튼을 눌러 챗GPT에 로그인합니다.

09 PC용 프로그램을 통해 챗GPT에 접속하였습니다. 브라우저를 통해 접속한 것과 동일하게 사용이 가능합니다.

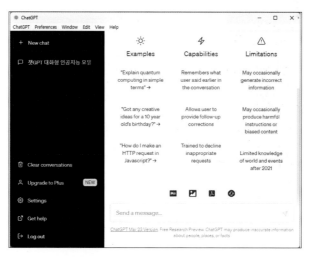

10 화면의 크기를 변경 할 수 있습니다 [Preferences] → [Control Center] 부분을 클릭합니다.

11 [Settings]의 [Main Window] 탭에서 가로와 세로 크기를 픽셀 단위로 입력하여 창의 크기를 조절 할 수 있습니다. [Submit] 버튼을 눌러 저장하면 다시 실행됩니다.

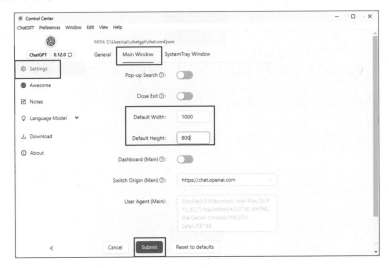

12 화면의 크기가 변경되었습니다. 아래 [Regenerate response] 버튼 옆에 대화내용을 저장하는 기능이 생겼습니다.

13 이미지 아이콘 등을 클릭하면 대화내용을 저장할 수 있습니다.

14 [Preferences] → [Control Center]의 Download에서 저장된 내용의 확인이 가능합니다.

15 파일이 저장된 경로에 대화내용이 저장되었습니다.

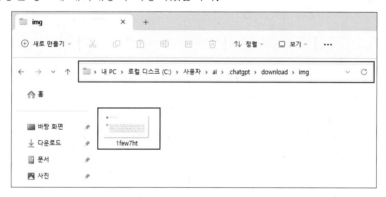

이처럼 PC전용 프로그램으로 챗GPT에 접속하여 다양한 기능을 추가하여 사용이 가능합니다. 다만 기능이 추가되는 부분은 대화저장이나 글씨 크기 등으로, 챗GPT의 핵심기능은 변경하지 못합니다.

챗GPT의 인기도가 엄청난 속도로 높아지다 보니 다양한 프로그램, 브라우저의 확장 프로그램 등 쉽게 사용하거나 도움을 줄 수 있는 프로그램이 많이 개발되고 있습니다.

CHAPTER

02

Stable Diffusion WebUI 활용법 익히기

이 장에서는 가장 많이 사용하는 Stable Diffusion WebUI 사용 방법에 대해서 알아봅니다.

이 장에서는 가장 많이 사용하는 Stable Diffusion WebUI 사용 방법에 대해서 알아봅니다. Stable Diffusion WebUI는 인공지능 기반의 그림 생성을 쉽게 할 수 있는 웹 기반 사용자 인터페이스입니다. 이 프로젝트는 GitHub 저장소(https://github.com/AUTOMATIC1111/stable-diffusion-webui)에서 찾을 수 있으며, 사용자가 Stable Diffusion 알고리즘을 사용하여 직관적이고 편리한 방식으로 이미지를 생성할 수 있게 도와줍니다.

Stable Diffusion이란, 원본 이미지를 재구성하는 데 사용되는 인공지능 알고리즘입니다. 이 알고리즘은 원본 이미지를 다양한 크기와 스타일로 변환하여 표현합니다. 그런 다음 해당 이미지들을 원본 이미지와 유사하게 다시 조립하는 방식으로 작동합니다.

Stable Diffusion WebUI의 주요 기능은 다음과 같습니다.

❶ 사용자 친화적인 인터페이스
사용자는 손쉽게 이미지를 업로드하고 생성할 수 있는 웹 기반 인터페이스를 사용하여 작업을 시작할 수 있습니다.

❷ 설정 조절
사용자는 알고리즘의 다양한 파라미터를 조절하여 원하는 결과물을 얻을 수 있습니다. 이러한 파라미터에는 이미지 크기, 스타일 가중치, 반복 횟수 등이 포함됩니다.

❸ 결과물 미리보기
생성된 이미지를 실시간으로 미리 볼 수 있어 사용자가 결과물에 만족할 때까지 설정을 조절할 수 있습니다.

❹ 이미지 다운로드
생성된 이미지를 다운로드하여 사용자의 컴퓨터에 저장할 수 있습니다.

서비스를 이용하려면, 위에서 제공한 GitHub 저장소 주소로 이동한 후 설명서를 참조하여 웹 애플리케이션을 설치하고 실행해야 합니다. 일단 실행되면 웹 브라우저를 통해 인터페이스에 액세스할 수 있습니다.

01 Stable Diffusion WebUI 설치

Stable Diffusion WebUI를 설치하고 간단하게 샘플 이미지 생성 방법에 대해서 알아보겠습니다.

> 💬 컴퓨터 사양의 설치 권장사항입니다. 외장 그래픽카드의 VRAM이 4GB이상이면 사용이 가능하나 6GB이상을 추천합니다.

visual c++ 설치하기

Stable Diffusion WebUI를 설치하기 위해서는 우선 C++이 설치되어야 합니다.

visual c++ 설치 방법에 대해서 알아보겠습니다.

01 구글에서 [visual c++]을 검색 후 아래 사이트에 접속합니다.

02 스크롤을 아래로 내려 설치파일을 다운로드 받습니다.

03 [동의함]에 체크 후 [설치]를 눌러 설치를 진행합니다.

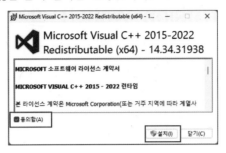

Stable Diffusion WebUI 설치와 실행

visual c++ 설치가 완료되었으면 이번에는 Stable Diffusion WebUI 설치와 실행 방법에 대해서 알아보겠습니다.

01 Stable Diffusion WebUI 설치하기 위해서 구글에서 "Stable Diffusion WebUI"를 검색 후 아래 github 사이트에 접속합니다.

02 Stable Diffusion WebUI는 설치가 조금 까다로우나 기능이 많아서 가장 많이 사용하는 프로그램입니다. 아래와 같은 UI를 제공합니다.

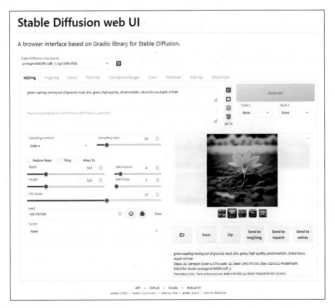

스크롤을 조금 아래로 내리면 [Automatic Installation on Windows] 항목이 있습니다. 1~4까지 4단계로 설치를 진행합니다. 단, 설치 방법은 언제든지 바뀔 수 있으므로 Stable Diffusion WebUI 사이트를 참고하여 진행하는 게 최신 설치 방법입니다.

첫 번째로 파이썬을 설치합니다. [Python 3.10.6] 부분을 클릭합니다. [Ctrl] 키를 누른 채 클릭하면 새로운 탭으로 페이지가 열려 다시 Stable Diffusion WebUI guihub 사이트로 돌아오는 번거로움 이 없습니다.

03 스크롤을 아래로 내려 3.10.6 버전을 찾습니다. [Windows installer (64−bit)] 설치파일을 다운 로드 받습니다.

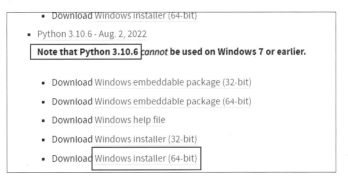

04 파이썬을 설치할 때 [Add Python 3.10 to PATH] 부분을 필수로 체크한 다음 [Insall Now]를 눌러 설치를 진행합니다. 윈도우에 파이썬이 설치된 위치를 등록하는 과정으로 [Add Python 3.10 to PATH] 부분을 체크하지 않고 설치하였다면 파이썬 프로그램을 지운 다음 [Add Python 3.10 to PATH] 체크 후 다시 설치합니다.

05 설치가 완료되었으면 [Close]를 눌러 설치를 완료합니다.

06 [Stable Diffusion WebUI] 사이트로 돌아와 2번째 과정인 git을 설치합니다. git을 설치하는

이유는 Stable Diffusion WebUI
사이트의 프로그램을 손쉽게 다운
로드 받기 위함입니다. [git] 부분
을 클릭하여 페이지에 접속합니다.

07 [64-bit Git for Windows Setup] 부
분을 클릭 후 프로그램을 다운로드 후 설
치를 진행합니다.

08 [Next]를 눌러 설치를 진행합니다.
[Next] 누르는 페이지가 많으니 모두
[Next]를 눌러 설치합니다. 옵션 등을 특
별하게 수정하지 않고 설치합니다.

09 설치 완료 후 [Finish]를 눌러 설치를 마무리 합니다.

10 [Stable Diffusion WebUI] 프로그램을 내컴퓨터로 다운로드 받기 위해서 명령 프롬프트를 실행합니다. 검색에서 cmd를 검색 후 [명령 프롬프트]에 마우스 오른쪽 클릭 후 [관리자 권한으로 실행]하여 명령 프롬프트를 관리자 권한으로 실행합니다.

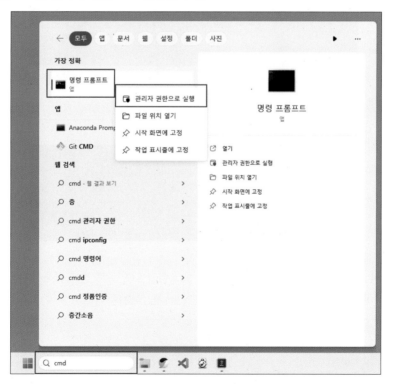

11 관리자 권한으로 명령 프롬프트가 실행되었습니다. 관리자 권한으로 실행한 이유는 C드라이브에 프로그램을 다운로드 받기 위해서입니다. C드라이브에 바로 받으려면 윈도우에 관리자 권한을 필요로 합니다.

12 [cd c:/] 명령어를 입력합니다. C 드라이브로 이동하라는 명령어입니다.

13 C 드라이브로 이동하였습니다.

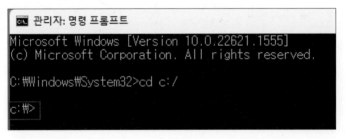

14 세 번째 과정인 [Stable Diffusion WebUI] 프로그램을 다운로드 받기위해서 주소를 드래그하여 선택한 후 우측 버튼을 누르고 복사를 선택해서 클립보드로 복사합니다.

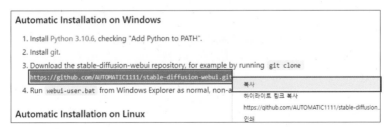

15 명령 프롬프트에서 git clone를 입력하고 한 칸 띄운 후 Ctrl + V 를 눌러 앞서 복사한 주소를 붙여넣기합니다. [git clone 주소] 입력 후 Enter 키를 눌러 프로그램을 다운로드 받습니다.

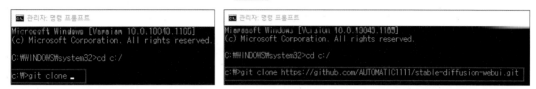

16 프로그램을 다운로드 완료 후 아래와 같은 메시지를 확인 후 [x]를 눌러 종료합니다.

17 내컴퓨터의 C 드라이브로 이동하면 [stable-diffusion-webui] 폴더가 생성된 것을 확인할 수 있습니다.

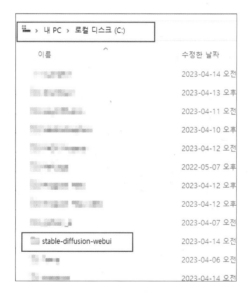

18 4번째 과정인 [webui-user.bat] 파일을 더블클릭하여 설치를 진행하는 과정입니다.

Automatic Installation on Windows

1. Install Python 3.10.6, checking "Add Python to PATH".

2. Install git.

3. Download the stable-diffusion-webui repository, for example by running `git clone https://github.com/AUTOMATIC1111/stable-diffusion-webui.git` .

4. Run `webui-user.bat` from Windows Explorer as normal, non-administrator, user.

바로 전 과정에서 설치 된 [stable-diffusion-webui] 폴더로 들어가서 [webui-user.bat] 파일을
더블클릭하여 실행합니다. 윈도우의 폴더옵션에서 확장자를 보이지 않게 하였다면 [webui-user]
파일로 .bat 확장자가 보이지 않습니다.

19 다음과 같은 터미널이 열리면서 프로그램을 실행합니다. 처음 실행 시 다양한 프로그램들을 설
치하기 때문에 시간이 조금 소요됩니다.

20 설치 중간에 약 4G 용량의 모델파일을 다운로드 받습니다. 인터넷 환경에 따라서 시간이 오래
소요될 수 있습니다.

21 실행이 완료되면 다음과 같이 웹 주소가 출력됩니다.

```
C:\Windows\system32\cmd    ×    +   ∨                                                    —    □    ×

Launching Web UI with arguments:
No module 'xformers'. Proceeding without it.
Downloading: "https://huggingface.co/runwayml/stable-diffusion-v1-5/resolve/main/v1-5-pruned-emaonly.safetensor
s" to C:\stable-diffusion-webui\models\Stable-diffusion\v1-5-pruned-emaonly.safetensors

100%|████████████████████████████████████████████████████| 3.97G/3.97G [02:53<00:00, 24.6MB/s]
Calculating sha256 for C:\stable-diffusion-webui\models\Stable-diffusion\v1-5-pruned-emaonly.safetensors: 6ce01
61689b3853acaa03779ec93eafe75a02f4ced659bee03f50797806fa2fa
Loading weights [6ce0161689] from C:\stable-diffusion-webui\models\Stable-diffusion\v1-5-pruned-emaonly.safeten
sors
Creating model from config: C:\stable-diffusion-webui\configs\v1-inference.yaml
LatentDiffusion: Running in eps-prediction mode
DiffusionWrapper has 859.52 M params.
Applying cross attention optimization (Doggettx).
Textual inversion embeddings loaded(0):
Model loaded in 6.9s (calculate hash: 3.4s, load weights from disk: 0.1s, create model: 0.4s, apply weights to
model: 0.7s, apply half(): 0.6s, move model to device: 0.5s, load textual inversion embeddings: 1.3s).
Running on local URL:  http://127.0.0.1:7860

To create a public link, set `share=True` in `launch()`.
Startup time: 188.3s (import torch: 1.8s, import gradio: 1.6s, import ldm: 0.7s, other imports: 2.3s,.list SD m
odels: 173.4s, setup codeformer: 0.3s, load scripts: 0.6s, load SD checkpoint: 7.2s, create ui: 0.2s).
```

22 웹주소를 복사하여 [크롬 브라우저]에 붙여넣어 접속합니다.

```
Applying cross attention optimization (Doggettx).
Textual inversion embeddings loaded(0):
Model loaded in 6.9s (calculate hash: 3.4s, load weights fro
model: 0.7s, apply half(): 0.6s, move model to device: 0.5s,
Running on local URL:  http://127.0.0.1:7860

To create a public link, set `share=True` in `launch()`.
Startup time: 188.3s (import torch: 1.8s, import gradio: 1.6
odels: 173.4s, setup codeformer: 0.3s, load scripts: 0.6s, l
```

또한 Ctrl 키를 누른 채 복사한 웹주소를 클릭하면 윈도우에서 기본 설정된 웹브라우저를 통해 바로
접속됩니다. 컨트롤 부분은 터미널 버전에 따라서 동작하지 않을 수 있습니다.

```
Textual inversion embeddings loaded(0):
Model loaded in 2.8s (load weights from disk: 0.2s, create model: 0.3s, ap
 0.5s, move model to device: 0.4s, load textual inversion embeddings: 0.7s
Running on local URL:  http://127.0.0.1:7860
                                    http://127.0.0.1:7860
                                    링크를 따라가려면 Ctrl 키를 누른 채 클릭합니다.
To create a public link, set `shar
Startup time: 6.6s (import torch:                              rt ldm: 0
.4s, load SD checkpoint: 3.1s, create ui: 0.2s).
```

23 다음과 같이 [Stable Diffusion WebUI]를 실행하였습니다.

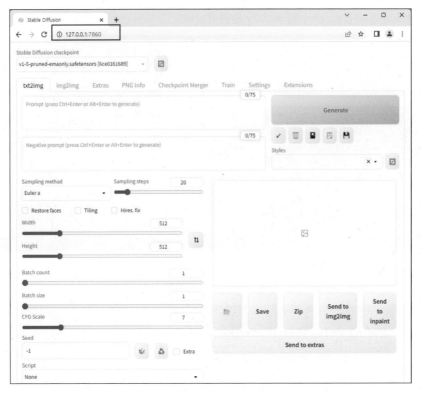

24 프롬프트 창에 생성할 이미지와 연관된 단어를 입력 후 [Generate] 버튼을 누르면 이미지가 생성됩니다. 여기서는 "cake"를 입력하겠습니다.

25 프로그램을 종료하고 싶다면 터미널을 종료하면 됩니다. 터미널에서 서버가 동작하며 웹페이지로 보여집니다.

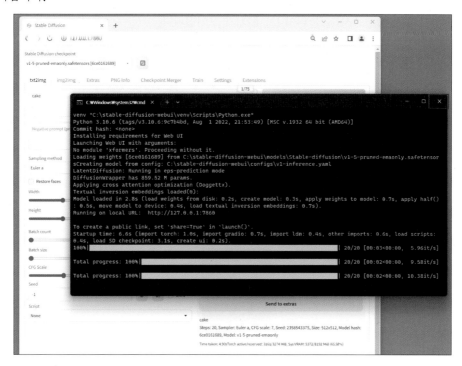

26 [Stable Diffusion WebUI] 프로그램을 실행하기 위해서는 Stable Diffusion WebUI이 설치된 폴더에서 [webui-user.bat] 파일을 더블클릭하여 실행합니다. 프로그램이 설치된 위치는 [C:₩ stable-diffusion-webui]입니다.

27 매번 폴더를 찾아가 프로그램을 실행하기 번거롭다면 [webui-user.bat] 파일에 마우스 오른쪽을 클릭 후 [바탕 화면에 바로 가기 만들기]를 클릭하여 바탕화면에 바로가기를 만들어 줍니다. 윈도우11의 경우 [더 많은 옵션표시]를 눌러야 [보내기]가 보여집니다.

28 바탕화면에 바로가기아이콘이 생성되었습니다. 이 파일을 더블클릭하여 실행이 가능합니다.

Stable-Diffusion 한글 적용

Stable Diffusion의 한글 적용 방법에 대해서 알아보겠습니다.

01 [Extensions] 탭 – [Install from URL] 탭으로 이동하고, 아래의 주소를 [URL for...] 부분에 입력 후 [Install] 버튼을 눌러 설치합니다.

- https://github.com/36DB/stable-diffusion-webui-localization-ko_KR

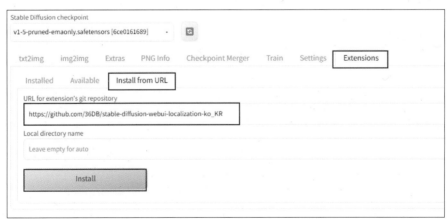

02 설치가 완료되면 아래와 같이 Installed가 출력됩니다.

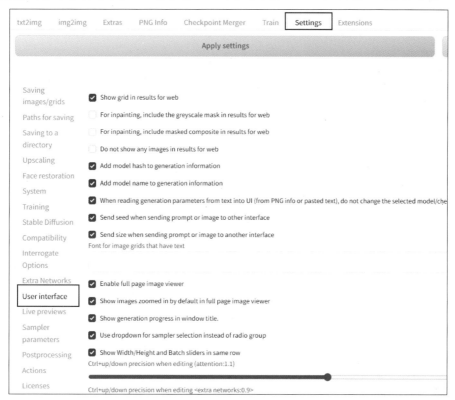

03 한글을 적용하기 위해서 [Settings] 탭으로 이동하여 [User interface]로 이동합니다.

04 [User interface]에서 스크롤을 맨 아래로 내려 [새로고침] 아이콘()을 한 번 클릭 후 ko_KR을 선택합니다.

05 다시 스크롤을 위로 올려 [Apply settings]를 눌러 설정을 저장한 다음 [Reload UI]를 눌러 UI 를 재시작 합니다.

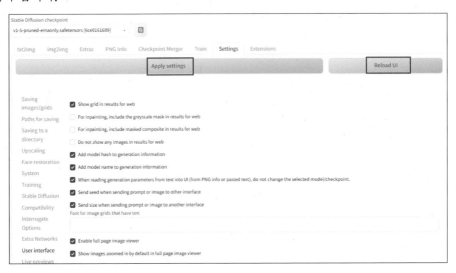

06 stable diffusion WebUI가 한글로 변경되었습니다.

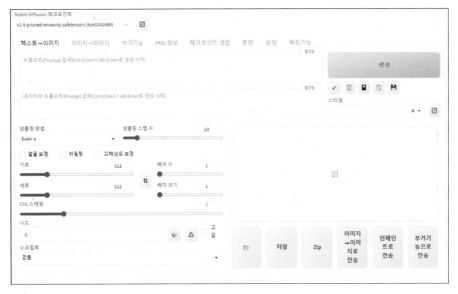

02 Stable Diffusion WebUI 화면 구성

Stable Diffusion webUI의 화면 구성에 대해 살펴보겠습니다.

Stable Diffusion webUI의 화면 구성

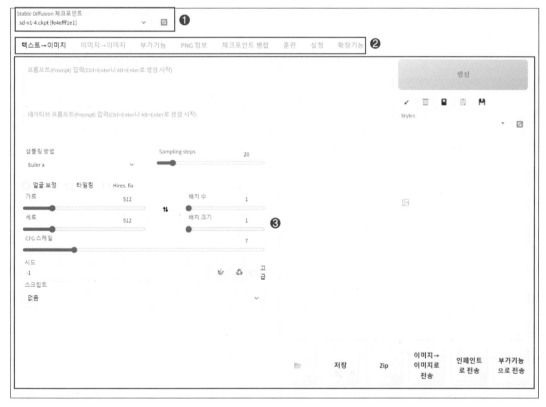

❶ 모델을 설정할 때 사용합니다. 체크포인트는 AI가 사용하는 모델(Models)을 의미하며 화가의 경우 화풍이라 할 수 있습니다. 즉 모델 = 화풍으로 그림을 그리는 바탕이 되는 학습모델입니다. 기존의 모델을 병합 또는 새로운 모델을 만들어 자신만의 모델(화풍)을 학습시켜 인공지능에게 그림을 그리도록 명령할 수 있습니다.

❷ 기능 탭으로 아래의 기능을 제공합니다.

- [텍스트→이미지]: 텍스트를 이미지로 저장합니다.
- [이미지→이미지]: 이미지를 참고하여 이미지를 생성합니다.
- [부가기능]: 이미지의 해상도를 높이는 업스케일 기능을 제공합니다.
- [PNG정보]: 이미지의 생성 정보를 확인할 수 있습니다.

- [체크포인트 병합]: 모델을 합칠 수 있습니다.

- [훈련]: 모델을 훈련시킬 수 있습니다.

- [설정]: 다양한 기능을 설정합니다.

- [확장기능]: 확장기능을 불러와 사용할 수 있습니다.

❸ [텍스트-〉이미지] 모델의 UI 구성입니다.

[텍스트-〉이미지] 모델의 UI 구성
stable diffusion webUI의 화면 구성은 다음과 같습니다.

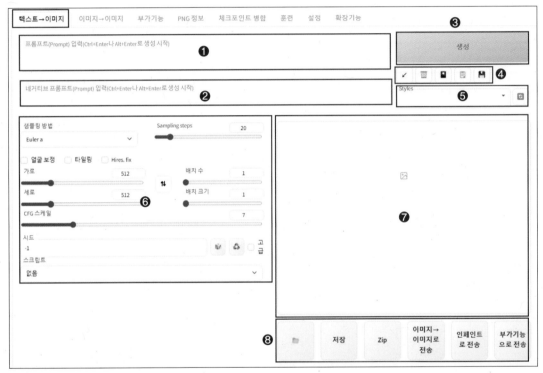

❶ 프롬프트 : 긍정 프롬프트로 그리고자하는 그림을 설명허가나 그림의 스타일, 감정, 해상도 등을표현하는 텍스트를 입력합니다. 텍스트를 기반으로 이미지를 생성합니다. 영어로 입력합니다.

❷ 네거티브 프롬프트 : 부정 프롬프트로 부정적인 명령어를 입력합니다. 사진으로 나오지 않았으면 하는 명령어들을 입력합니다.

❸ [생성] 버튼을 누르면 이미지를 생성합니다.

이미지 생성 중에는 [중단]을 눌러 이미지의 생성을 중단 하거나 [건너뛰기]를 눌러 건너뛰기를 누른 시점의 결과를 출력 할 수 있습니다.

❹ 프롬프트에 관련된 기능입니다.

    – ✎ 이전 프롬프트 불러오기 입니다.

    – ▯ 프롬프트 삭제하기 입니다.

    – ▥ 네트워크 보이기 입니다. 특성 인물이나 캐릭터 등을 인공지능으로 학습시킨 후 학습된 이미지와 비슷하게 생성하게 만드는 모델입니다.

    – ▣ styles에 선택된 프롬프트를 프롬프트 입력란으로 설정합니다.

    – ▤ style을 저장합니다. 버튼을 누르고 저장할 이름을 입력합니다.

Stable Diffusion webUI가 설치된 폴더에 styles이름의 엑셀 파일로 저장됩니다.

파일을 열어 확인해보면 설정한 이름으로 지정된 스타일이 저장되었음을 확인 할 수 있습니다.

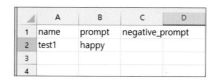

	A	B	C	D
1	name	prompt	negative_prompt	
2	test1	happy		
3				
4				

❺ 저장된 스타일을 불러옵니다.

❻ 샘플링 방법, 크기, 배치수 등을 설정합니다.

❼ 생성된 이미지가 출력됩니다.

❽ 생성된 이미지를 [저장], [ZIP], [이미지→이미지로 전송], [인페인트로 전송], [부가기능으로 전송]을 할 수 있습니다.

[텍스트 →〉 이미지] 변환 탭의 상세 옵션과 사용법

– **샘플링 방법** : 다양한 샘플링 방법이 존재합니다.

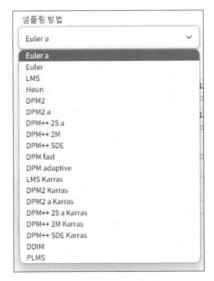

Euler a가 가장 일반적으로 사용하는 모델로 샘플링 방법에 따라 생성되는 이미지의 차이가 발생 할 수 있습니다. 그리려고 하는 이미지의 종류에 따라서 샘플러를 적절하게 선택하여 그림을 생성합니다.

– **샘플링 스텝** : 샘플링 스텝의 수도 스텝의 수가 높으면 그림을 여러 번 자세하게 그립니다. 너무 높다고 무한하게 자세하게 그리지는 않습니다. 20~50사이의 적당한 값으로 설정합니다. 숫자가 높으면 그림이 출력되는데 시간이 오래 소요됩니다.

- **얼굴보정** : 얼굴을 보정합니다.
- **타일링** : Tiling 기능은 주어진 입력 문장에 대한 모델의 예측 결과를 작은 사각형으로 분할하여 표시하는 기능입니다. 이렇게 분할된 작은 사각형들은 각각 모델이 예측한 단어나 구문의 일부를 나타냅니다. 이러한 표시 방식을 통해 모델이 어떤 단어나 구문을 예측했는지 쉽게 파악할 수 있습니다.
- **Hires.fix** : 해상도를 높여 그림을 그립니다. 더 높은 해상도의 그림을 그릴 수 있으나 시간이 오래 소요됩니다.

Hires.fix 체크 시 아래와 같은 옵션이 추가됩니다. 그림의 해상도를 높여 다시 그립니다.

- **배치수, 배치 크기** : 배치 수는 그림을 총 몇 개 그릴지 결정합니다.

배치크기는 그림을 한 번에 몇 개 그릴지 설정합니다. 배치크기가 커지면 그래픽카드의 VRAM이 많이 필요합니다.

그래픽 카드의 VRAM이 충분하다면 배치크기를 늘려 한 번에 여러 장씩 그리고 VRAM이 부족하다면 배치수를 늘려 여러 장 그립니다.

- **CFG스케일** : CFG스케일은 얼마나 프롬프트를 따를지 결정합니다. CFG스케일값이 작으면 프롬프트를 따르지 않고 인공지능이 자유롭게 그림을 그려 이상한 그림이 그려질 수 있고 CFG스케일이 너무 높으면 프롬프트의 내용만 따른 융통성없는 그림이 출력될 수 있습니다. 6~20사이의 적당한 값을 넣습니다.

- **시드** : 시드는 그림을 그릴 때의 노이즈 값입니다. −1는 무작위로 노이즈를 생성하고 숫자를 입력하면 숫자값으로 노이즈를 생성합니다. 모델, 설정값, 시드가 같다면 동일한 이미지의 생성이 가능합니다.

- **고급** : 고급 기능 체크 시 무작위로 생성되는 값을 설정 할 수 있습니다.

– **스크립트** : 스크립트 입니다. 기본설정은 없음으로 설정되어 있습니다.

• **프롬프트 매트릭스 기능 사용법**

| (or)를 조합하여 조합된 이미지를 생성할 수 있는 기능입니다. |는 ⌈Shift⌋ + ⌈\⌋ 키를 눌러 입력할 수 있습니다.

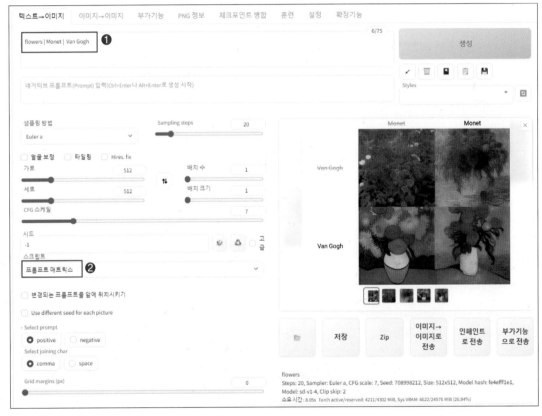

❶ "flowers | Monet | Van Gogh"를 입력합니다. Monet(모네), Van Goght(고흐)

❷ 스크립트에서 [프롬프트매트릭스]를 선택 후 [생성] 버튼을 눌러 이미지를 생성합니다.

매트릭스 형태의 그림이 생성되었습니다.

flowers 의 그림으로 그냥 flowers, Monet, Van Gogh, Monet + Van Gogh 의 4장의 그림이 생성되었습니다.

- x/y/z plot 옵션 기능 사용법

여러 조건에 따라 여러 장의 이미지를 생성할 때 사용합니다.

다양한 조건에 따라 여러 장의 이미지를 생성하여 조건에 따른 출력결과를 비교할 때 사용합니다.

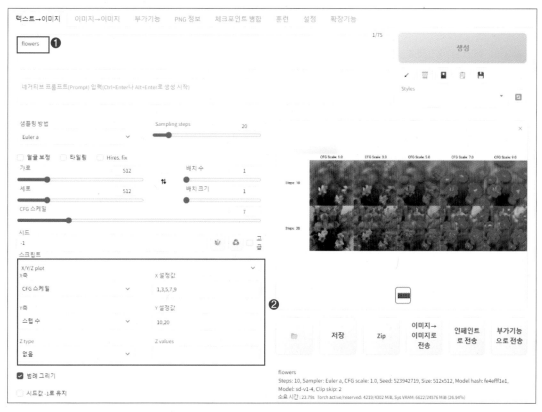

❶ "flowers"를 프롬프트로 입력합니다.

❷ 스크립트에서 x/y/z plot을 설정합니다.

    - x축은 cfg스케일 설정값 1,3,5,7,9 로 입력합니다.

    - y축은 스텝수 설정값 10,20 으로 입력합니다.

- **출력된 이미지**

출력된 이미지 입니다.

x축은 CFG Scale값이 1, 3, 5, 7, 9인 이미지가 생성되었습니다.

y축은 샘플링 스텝값이 10,20인 이미지가 생성되었습니다.

이 처럼 여러 가지의 조건에 따라서 이미지를 생성하여 비교하는 목적으로 사용합니다.

- **스크립트**

파일이나 텍스트박스로부터 프롬프트 불러오기는 파일에서 프롬프트를 불러와 입력합니다.

- **이미지 결과 창과 세부 항목**

생성한 이미지 결과를 확인할 수 있는 창입니다. 창 아래에 6가지 세부 항목이 있습니다.

❶   : 이미지가 저장된 폴더를 실행합니다.

[텍스트 –〉 이미지]가 저장된 폴더를 실행합니다.

❷ : 이미지를 저장합니다.

[저장] 버튼을 누르고 [다운로드] 버튼을 눌러 이미지를 다운로드 할 수 있습니다.

	저장	Zip	이미지→ 이미지로 전송	인페인트로 전송	부가기능으로 전송
00004-2479440541.png		559.0 KB		다운로드	

❸ : 이미지를 압축합니다.

[ZIP] 버튼을 누르면 이미지를 압축하여 다운로드 받을 수 있습니다.

	저장	Zip	이미지→ 이미지로 전송	인페인트로 전송	부가기능으로 전송
images.zip		559.2 KB		다운로드	
00007-2479440541.png		559.0 KB		다운로드	

❹ : 생성된 이미지를 [이미지 –〉 이미지] 생성 탭으로 전송합니다.

❺ : 생성된 이미지를 [이미지 –〉 이미지] 생성 탭의 인페인트로 전송합니다. 인페인트 기능을 이용하여 이미지의 수정이 가능합니다.

❻ : 부가기능으로 전송 버튼을 눌러 이미지를 [부가기능] 탭으로 이동합니다. 부가기능에서는 이미지의 크기를 키우는 업스케일을 할 수 있습니다.

[이미지–〉 이미지] 모델의 UI 구성 및 사용법

[이미지–〉이미지] 모델의 UI 구성과 사용법에 대해서 알아봅니다.

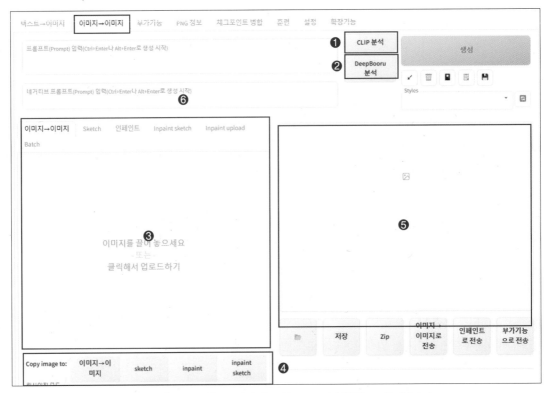

❶ CLIP 분석은 업로드한 이미지의 특징을 분석하여 프롬프트로 변환하는 기능입니다.

이미지를 입력 후 [CLIP 분석] 버튼을 누르면 이미지를 분석하여 프롬프트로 변환합니다. 처음 변환할 때 변환 모델을 다운로드 받기 때문에 초기 한 번은 설치시간까지 소요됩니다.

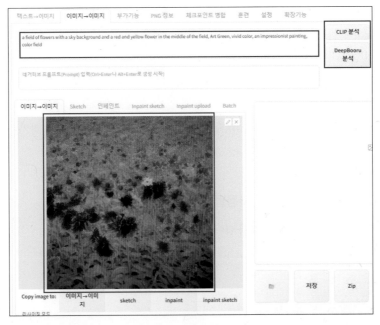

❷ DeepBooru 분석은 업로드한 이미지의 특징을 분석하여 프롬프트로 변환하는 기능입니다.

❸ 이미지를 불러옵니다. 불러온 이미지가 보여집니다.

❹ 불러온 이미지에 sketch, inpaint, inpaint sketch 기능을 제공합니다.

❺ 생성된 이미지가 출력됩니다.

CLIP, DeepBooru 비교

CLIP 분석은 사진을 묘사하듯 보여줘 행동 등을 분석하기 좋습니다. 다만 다양한 특징을 모두 묘사하기에는 어렵습니다.

DeepBooru ,(콤마)로 나누어집니다. 특징을 다양하게 분석하기에 좋습니다. 단점으로는 행동이나 움직임 등을 분석하기에 좋지 않습니다.

• **sketch 기능으로 이미지 생성하기**

sketch 기능으로 그림을 바탕으로 이미지를 생성합니다.

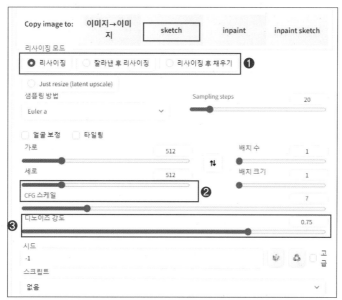

❶ 이미지의 사이즈를 수정합니다.

   – 리사이징: 이미지의 크기를 비율에 상관없이 해상도를 조절하여 이미지를 생성합니다. 가로세로 비율이 맞지 않는 이미지가 생성 될 수 있습니다.

   – 잘라낸 후 리사이징: 이미지를 최종 출력이미지의 가로세로 비율만큼 잘라낸 다음 해상도를 맞춘 이미지를 생성합니다. 가로세로에 따라 끝의 이미지가 잘릴 수 있습니다.

   – 리사이징 후 채우기: 우선 이미지의 사이즈를 조정한 다음 빈 공간을 새로 채웁니다.

   – Just resize: 비율에 따라 이미지의 크기를 조절합니다.

❷ CFG 스케일: 프롬프트를 얼마만큼 참고할지 결정합니다.

❸ 디노이즈 강도: 이미지를 얼마만큼 참고할지 결정합니다. 프롬프트와 이미지의 적절한 비율로 설정하여 이미지를 생성합니다.

• inpaint 기능으로 이미지 생성하기

inpaint(인페인트)를 클릭 시 이미지에 그림을 그릴 수 있는 도구가 생성됩니다.

–  : 되돌리기, 삭제, 블러의 크기를 설정할 수 있습니다.

• inpaint로 설정 시 상세 옵션 기능 사용법

inpaint로 설정 시 상세 옵션입니다.

– 마스크 블러 : 픽셀 단위의 값으로 얼마나 마스크의 픽셀만큼 처리할지 결정합니다.

원본이미지에서 inpaint를 이용하여 블러처리를 해보도록 합니다.

아래쪽의 꽃 부분을 인페인트로 다시 그립니다.

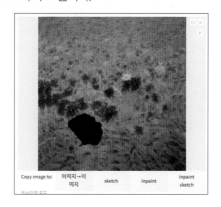

블러의 기본값이 4일 때는 꽃 부분이 잘 지워졌습니다.

▲ 블러 4

블러의 기본값이 25일 때는 모두 지워지지 않고 조금 남아있습니다.

▲ 블러 25

그림에 따라 블러의 크기를 적절하게 수정하여 사용합니다.

- 마스된 부분 : 마스크된 부분을 어떻게 처리할지에 대한 옵션입니다.

채우기: 배경 등으로 채워 넣습니다.

원본 유지: 비슷한 다른 그림으로 그립니다.

잠재 노이즈: 노이즈를 생성합니다.

잠재 공백: 공백을 생성합니다.

- 인페인트 영역(Inpaint area) : 인페인트 된 부분의 설정입니다.

Whole picture(이미지 전체): 그림 전체 처리

Only made(마스트된 부분만): 마스크된 부분만 처리

Only made padding, pixels

Only maked로 설정 시 픽셀의 크기를 설정합니다.

- inpaint sektch 기능으로 이미지 생성하기

inpaint sektch로 이미지에서 스케치를 추가하여 그림을 그릴 수 있습니다.

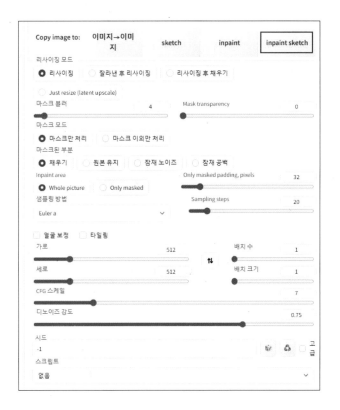

inpaint sektch로 설정 시 Mask transparency(마스크 투명도)를 설정 할 수 있습니다.

[이미지 –〉 이미지] 변환의 결과창에도 다양한 옵션으로 사용이 가능합니다.

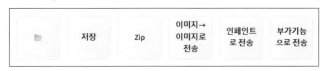

• 아웃페인팅 기능으로 이미지 생성하기

원본 그림에 비슷한 느낌의 그림을 확장해서 그리는 기능입니다.

[텍스트 –〉 이미지] 생성 탭에서 "flowers"를 이용하여 이미지를 생성 후 [이미지 –〉 이미지로 전송]을 이용하여 [이미지–〉이미지]로 전송합니다.

텍스트→이미지　　이미지→이미지　　부가기능　　PNG 정보　　체크포인트 병합　　훈련　　설정　　확장기능

flowers

생성

네거티브 프롬프트(Prompt) 입력(Ctrl+Enter나 Alt+Enter로 생성 시작)

Styles

샘플링 방법
Euler a

Sampling steps　　20

☐ 얼굴 보정　☐ 타일링　☐ Hires. fix
가로　　512
세로　　512
CFG 스케일　　7

배치 수　　1
배치 크기　　1

시드
-1

고급

스크립트
없음

저장　　Zip　　이미지→이미지로 전송　　인페인트로 전송　　부가기능으로 전송

아웃페인팅의 설정방법입니다.

Copy image to:　이미지→이미지　　sketch　　inpaint　　inpaint sketch

리사이징 모드
● 리사이징　○ 잘라낸 후 리사이징　○ 리사이징 후 채우기　○ Just resize (latent upscale)

샘플링 방법
Euler a

Sampling steps　❶　100

☐ 얼굴 보정　☐ 타일링
가로　　512
세로　　512
CFG 스케일　　7
디노이즈 강도　　0.8

배치 수　　1
배치 크기　　1

시드
-1

고급

스크립트
아웃페인팅 마크 2　❷

추천 설정값 - 샘플링 스텝 수 : 80-100 , 샘플러 : Euler a, 디노이즈 강도 : 0.8
확장할 픽셀 수　❸　100
마스크 블러　　8
아웃페인팅 방향
☑ 왼쪽　☑ 오른쪽　☑ 위쪽　☑ 아래쪽　❹
감쇠 지수 (낮을수록 디테일이 풍부함)　　1
색깔 다양성　　0.05

❶ 샘플링 스텝 수는 80~100을 설정합니다. 아웃페인팅 마크2의 추천 설정 값입니다. 단 샘플링 스텝수가 높다보니 시간이 오래 소요됩니다.

❷ 스크립트에서 [아웃페인팅 마크2]로 설정합니다.

❸ 확장할 픽셀수를 100으로 설정합니다. 그림이 100픽셀만큼 확장됩니다.

❹ 확장할 방향을 설정합니다. 왼쪽, 오른쪽, 위, 아래 모두 확장합니다.

　[생성] 버튼을 눌러 아웃페인팅 이미지를 생성합니다.

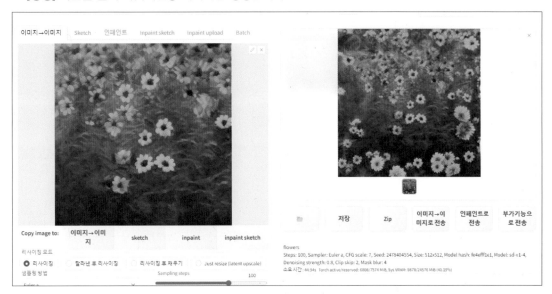

아래의 두 그림을 비교합니다. 원본의 그림에 왼쪽, 오른쪽, 위, 아래쪽이 100픽셀만큼 추가로 그려진 그림이 생성되었습니다.

▲ 원본 그림

아웃페인팅의 기능으로 추가 100픽셀만큼 와곽에 그림을 그려 그림이 확장되었습니다. 원본의 그림과 비교해서 더 커졌지만 원본 그림에 위화감이 없는 그림이 생성되었습니다.

[부가기능] 기능으로 이미지 크기 설정하기

부가기능으로 이미지의 크기를 키울 수 있는 업스케일 기능 입니다.

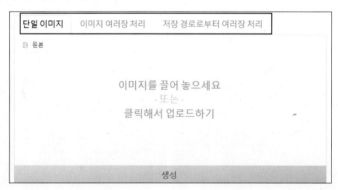

이미지의 처리 방법을 결정합니다.

– 단일 이미지: 이미지 한 장을 처리 합니다.

– 이미지 여러 장 처리: 여러 장의 이미지를 처리합니다.

– 저장 경로로부터 여러 장 처리: 저장경로를 설정하여 여러 장의 이미지를 처리합니다.

이미지를 키우는 크기의 배수를 설정합니다. 4로 설정 시 4배만큼 큰 이미지를 생성합니다.
512x512의 경우 4배로 설정 시 2048x2048 이미지가 생성됩니다

스케일링 사이즈를 지정하여 이미지의 크기를 키울 수도 있습니다.

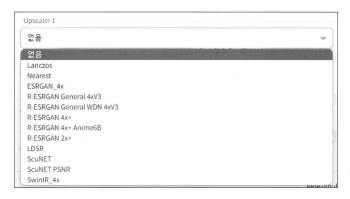

이미지 크기를 키우는 Upscaler를 지정합니다. 스케일러에 따라 최종 생성되는 이미지의 결과가 다를 수 있습니다.

Upscaler2는 Upscaler1과 결합하여 더 좋은 결과를 출력할 때 사용합니다.

[PNG정보] 기능으로 생성한 이미지 정보 확인하기

생성된 이미지의 정보를 확인 할 수 있습니다.

이미지를 끌어다 놓거나, 업로드하여 이미지의 정보를 확인 할 수 있습니다.

생성된 이미지를 불러오면 설정값을 확인 할 수 있습니다.

설정값을 이용하여 비슷한 이미지를 추가로 생성할 때 사용합니다.

[체크포인트 병합] 기능으로 여러 모델을 합치기

여러 개의 모델을 합칠 때 사용합니다.

예를 들어 만화를 생성하는 모델과 사람을 생성하는 모델을 합쳐 사람형태의 만화를 생성하는 모델로 만들 수 있습니다.

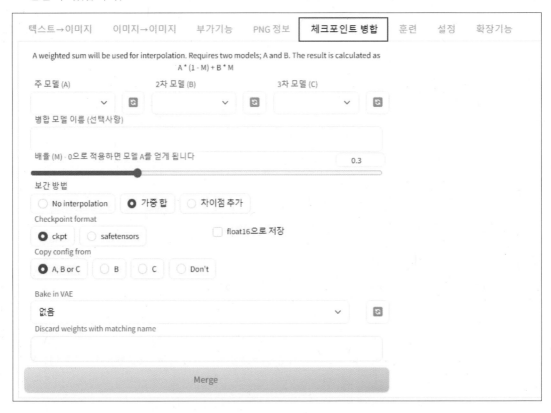

[훈련] 기능으로 기존 이미지를 이용하여 새로운 모델 생성하기

이미지를 이용하여 새로운 모델을 생성 시 사용합니다.

[설정] 기능으로 이미지를 다양하게 설정하기

설정입니다.

– 이미지/그리드 저장: 생성된 이미지의 저장 형식 등을 설정합니다.

이미지/그리드 저장	
저장 경로	☑ 생성된 이미지 항상 저장하기
디렉토리에 저장	이미지 파일 형식
업스케일링	png
얼굴 보정	이미지 파일명 패턴
시스템	☑ 이미지를 저장할 때 파일명에 숫자 추가하기
훈련	☑ 생성된 이미지 그리드 항상 저장하기
Stable Diffusion	그리드 이미지 파일 형식
Compatibility	png
분석 설정	☐ 그리드 저장 시 파일명에 추가 정보(시드, 프롬프트) 기입
Extra Networks	☑ 이미지가 1개뿐인 그리드는 저장하지 않기
사용자 인터페이스	☐ (자동 감지 사용시)그리드에 빈칸이 생기는 것 방지하기
Live previews	그리드 세로줄 수: 1로 설정 시 자동 감지/o으로 설정 시 배치 크기와 동일
샘플러 설정값	
Postprocessing	☑ 이미지 생성 설정값을 PNG 청크에 텍스트로 저장
Actions	☐ 생성된 이미지마다 생성 설정값을 담은 텍스트 파일 생성하기
Licenses	☐ 얼굴 보정을 진행하기 전 이미지의 복사본을 저장하기
Show all pages	☐ 고해상도 보정을 진행하기 전 이미지의 복사본을 저장하기
	☐ 이미지→이미지 결과물에 색상 보정을 진행하기 전 이미지의 복사본을 저장하기
	저장된 jpeg 이미지들의 품질

– 저장 경로: 이미지의 저장경로를 설정합니다.

이미지/그리드 저장	
저장 경로	이미지 저장 경로. 비워둘 시 하단의 3가지 기본 경로로 설정됨
디렉토리에 저장	
업스케일링	텍스트→이미지 저장 경로
얼굴 보정	outputs/txt2img-images
시스템	이미지→이미지 저장 경로
훈련	outputs/img2img-images
Stable Diffusion	부가기능 탭 저장 경로
Compatibility	outputs/extras-images
분석 설정	그리드 이미지 저장 경로. 비워둘 시 하단의 2가지 기본 경로로 설정됨
Extra Networks	
사용자 인터페이스	텍스트→이미지 그리드 저장 경로
Live previews	outputs/txt2img-grids
샘플러 설정값	이미지→이미지 그리드 저장 경로
Postprocessing	outputs/img2img-grids
Actions	저장 버튼을 이용해 저장하는 이미지들의 저장 경로
Licenses	log/images
Show all pages	

– 디렉토리에 저장: 저장 패턴 등을 설정합니다.

– 업스케일링: 이미지의 해상도를 높이는 업스케일링에 관한 설정입니다.

– 얼굴 보정: 얼굴을 보정하는 모델의 설정입니다.

– 시스템: VRA사용량 및 시스템에 관한 설정입니다.

- 훈련: 모델을 생성하는 훈련에 관한 설정입니다.

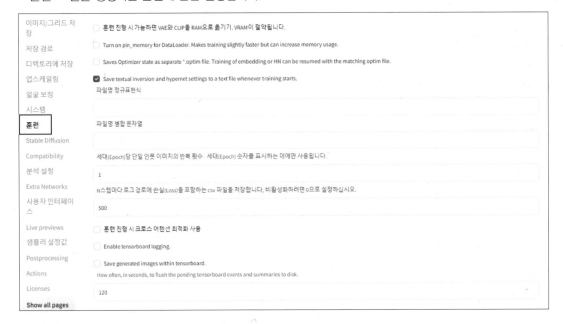

- Stable Diffusion: Stable Diffusion의 기본설정 입니다.

생성된 이미지를 보정하는 모델의 설정이 가능합니다.

SD VAE

Automatic

모델에 따라서 체크를 해야 동작하는 모델이 있습니다.

☑ Upcast cross attention layer to float32

– compatibility: 호환성으로 이전 방식과 호환하기 위한 설정입니다.

– 분석 설정: 이미지를 분석할 때 사용하는 CLIP및 deepbooru에 관한 설정입니다.

- Extra Networks: 네트워크에 관한 설정입니다.

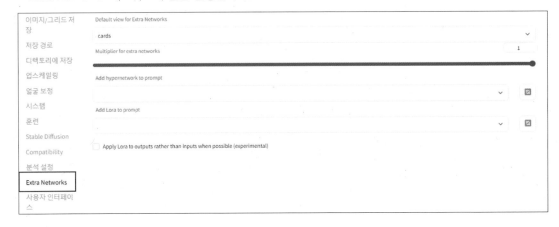

- 사용자 인터페이스: 한글화, UI에 관한 설정입니다.

- Live previews: 이미지 생성 시 실시간으로 보여지는 부분에 관한 설정입니다.

– 샘플러 설정값: 이미지 생성을 위한 샘플러를 설정할 수 있습니다.

– Postprocessing: 이미지 생성 후 후처리에 관한 설정 입니다.

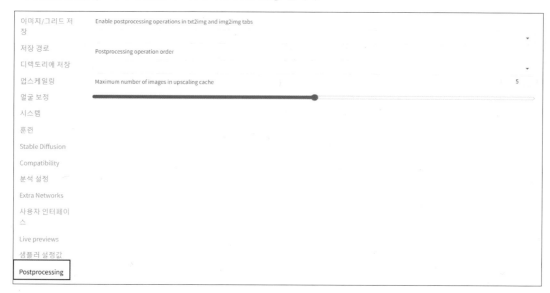

– Action: 브라우저 관련 설정 입니다.

이미지/그리드 저장	브라우저 알림 권한 요청
저장 경로	
디렉토리에 저장	현지화 템플릿 다운로드
업스케일링	
얼굴 보정	커스텀 스크립트 리로드하기(UI 업데이트 없음, 재시작 없음)
시스템	
훈련	
Stable Diffusion	
Compatibility	
분석 설정	
Extra Networks	
사용자 인터페이스	
Live previews	
샘플러 설정값	
Postprocessing	
Actions	
Licenses	
Show all pages	

– Licenses: 사용된 라이센스에 관한 내용입니다.

이미지/그리드 저장	**CodeFormer**
	Parts of CodeFormer code had to be copied to be compatible with GFPGAN.
저장 경로	S-Lab License 1.0
디렉토리에 저장	Copyright 2022 S-Lab
업스케일링	Redistribution and use for non-commercial purpose in source and
얼굴 보정	binary forms, with or without modification, are permitted provided
시스템	that the following conditions are met:
훈련	1. Redistributions of source code must retain the above copyright
Stable Diffusion	notice, this list of conditions and the following disclaimer.
Compatibility	2. Redistributions in binary form must reproduce the above copyright
분석 설정	notice, this list of conditions and the following disclaimer in
Extra Networks	the documentation and/or other materials provided with the
사용자 인터페이스	distribution.
Live previews	3. Neither the name of the copyright holder nor the names of its
샘플러 설정값	contributors may be used to endorse or promote products derived
Postprocessing	from this software without specific prior written permission.
Actions	
Licenses	THIS SOFTWARE IS PROVIDED BY THE COPYRIGHT HOLDERS AND CONTRIBUTORS
Show all pages	"AS IS" AND ANY EXPRESS OR IMPLIED WARRANTIES, INCLUDING, BUT NOT

THIS SOFTWARE IS PROVIDED BY THE COPYRIGHT HOLDERS AND CONTRIBUTORS
"AS IS" AND ANY EXPRESS OR IMPLIED WARRANTIES, INCLUDING, BUT NOT
LIMITED TO, THE IMPLIED WARRANTIES OF MERCHANTABILITY AND FITNESS FOR
A PARTICULAR PURPOSE ARE DISCLAIMED. IN NO EVENT SHALL THE COPYRIGHT
HOLDER OR CONTRIBUTORS BE LIABLE FOR ANY DIRECT, INDIRECT, INCIDENTAL,
SPECIAL, EXEMPLARY, OR CONSEQUENTIAL DAMAGES (INCLUDING, BUT NOT
LIMITED TO, PROCUREMENT OF SUBSTITUTE GOODS OR SERVICES; LOSS OF USE,
DATA, OR PROFITS; OR BUSINESS INTERRUPTION) HOWEVER CAUSED AND ON ANY
THEORY OF LIABILITY, WHETHER IN CONTRACT, STRICT LIABILITY, OR TORT
(INCLUDING NEGLIGENCE OR OTHERWISE) ARISING IN ANY WAY OUT OF THE USE
OF THIS SOFTWARE, EVEN IF ADVISED OF THE POSSIBILITY OF SUCH DAMAGE.

In the event that redistribution and/or use for commercial purpose in
source or binary forms, with or without modification is required,
please contact the contributor(s) of the work.

– Show all pages: 모든 설정 페이지를 보여줍니다.

[확장기능] 기능으로 추가 기능 업데이트하기

추가적인 기능을 설치 할 수 있습니다.

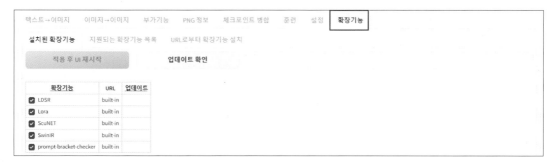

기본으로 설치된 확장기능 입니다. [업데이트 확인]을 눌러 최신으로 업데이트가 가능합니다.

[지원되는 확장기능 목록] 탭에서 [URL로부터 불러오기]를 클릭하면 설치 가능한 다양한 확장기능이 나열됩니다. [Install]을 눌러 설치 가능합니다.

[URL로부터 확장기능 설치] 탭으로 설치 가능한 URL을 입력하여 확장 기능을 설치 할 수 있습니다.

> 컴퓨터 사양의 설치 권장사항입니다. 외장 그래픽카드의 VRAM이 4GB이상이면 사용이 가능하나 6GB이상을 추천합니다.

03 Stable Diffusion WebUI 사용 방법 익히기

Stable Diffusion webUI를 활용하여 그림을 그리는 방법에 대해 알아봅니다.

Stable Diffusion webUI를 활용하여 그림 생성하기

01 프롬프트를 입력 후 [생성] 버튼을 클릭하면 이미지가 생성됩니다. 시드(Seed)를 확인할 수 있습니다.

> **❝ 시드값**
> 어떤 그림을 생성했는데 마음에 든다면 해당 시드값을 넣어 다른 그림으로 바꾸거나 배경을 변경하는 등 이미지의 특정 부분만을 변경할 수도 있습니다. .

02 시드(Seed)를 동일하게 입력한 다음 샘플링 방법을 LMS로 변경하여 이미지를 생성해봅니다.

03 샘플링 방법을 LMS와 Eular a로 각각 생성한 그림입니다.

▲ 샘플링 방법: LMS

▲ 샘플링 방법: Eular a

04 동일한 조건에서 샘플링을 변경해서 그림을 비교해보면서 원하는 그림을 생성하는 것도 좋은 방법입니다.

Eular a에서 타일링의 체크 유무에 따른 출력 결과 입니다.

▲ 타일링: 체크됨　　　　　　　　　　　　　▲ 타일링: 체크 안 됨

05 Hires.fix에 체크하여 512x512의 이미지를 1024x1024만큼 해상도를 높여 그림을 다시 생성했습니다.

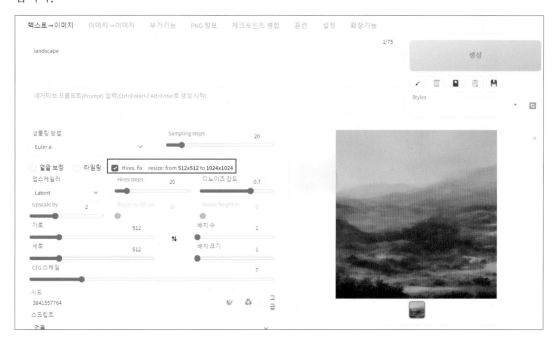

06 얼굴보정 기능을 사용해보기 위해서 "front view person"의 프롬프트로 이미지를 생성합니다.

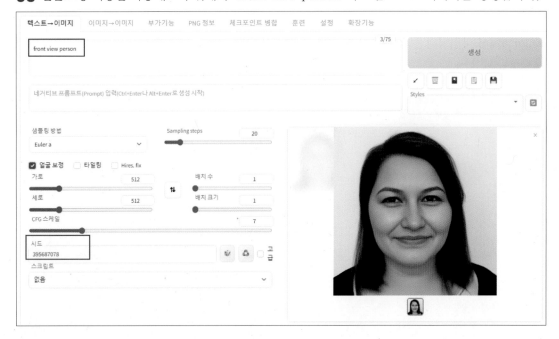

07 생성된 사진의 보정 전 사진과 보정 후 사진을 비교해 봅니다.

▲ 보정 전 사진

▲ 보정 후 사진

얼굴이 사실적으로 보정되었습니다.

08 cat, cute의 프롬프트로 배치수를 5로 수정하여 5장의 이미지를 생성하였습니다.
이미지 하나를 선택하여 [이미지-〉이미지 전송]으로 이동합니다.

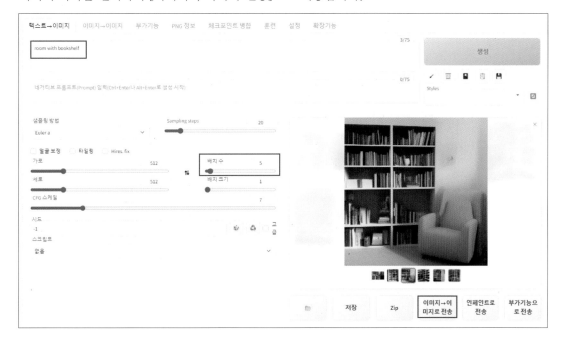

09 room with bookshelf 키워드에서 room with bookshelf, lighted로 lighted를 추가하였습니다.
조명을 추가하여 다시 그리도록 합니다.

조명이 추가된 이미지가 생성되었습니다.

• 스케일과 디노이즈 강도를 적절하게 조절하기

10 CFG 스케일과 디노이즈 강도를 적절하게 조절하여 프롬프트를 더 따를지 이미지를 더 따를지 조정하여 원하는 그림을 출력 할 수 있습니다.

• inpaint 기능으로 마스크 제거하기

11 원래 그림에 작은 이상한 그림이 있어 inpaint 기능으로 마스크된 부분을 깔끔하게 제거하였습니다.

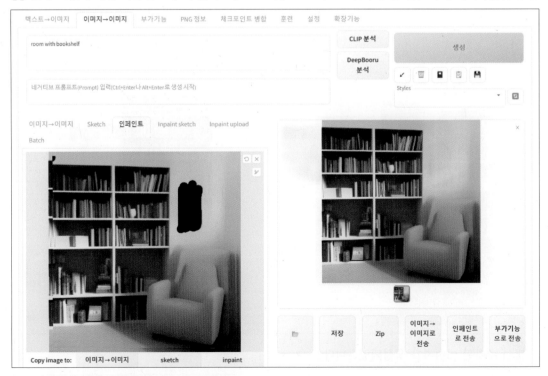

12 inpaint에서 원하는 부분을 마스킹한 다음 clock을 추가하여 시계를 그렸습니다.

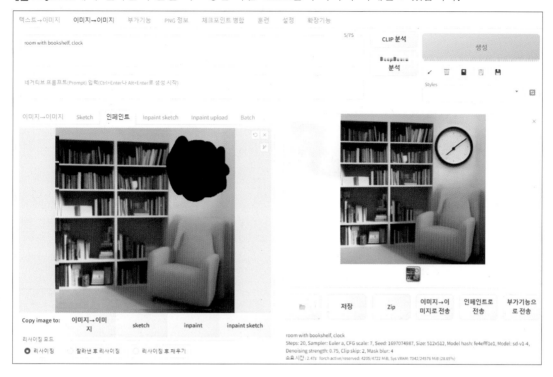

- inpiant sketch 기능으로 그림 생성하기

13 inpaint sketch에서 시계모양의 그림을 추가로 그리고 프롬프트에도 ,clock을 추가한 다음 그림을 생성하면 비슷한 모양의 시계가 추가된 그림이 생성되었습니다.

inpaint sketch의 기능의 버그가 있어 이미지를 불러와서 사용이 가능합니다.

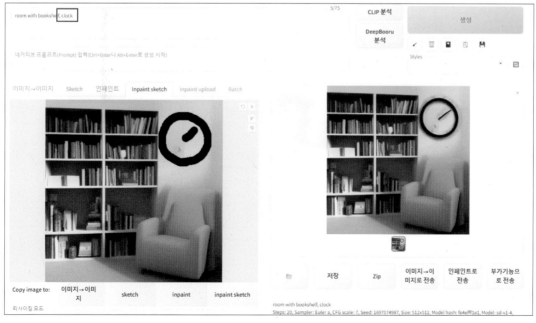

14 [부가기능으로 전송] 을 눌러 이미지를 업스케일을 합니다.

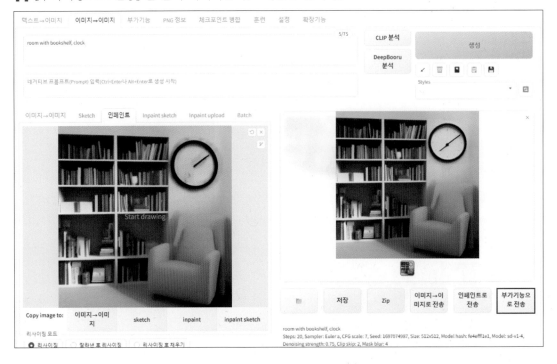

15 이미지를 키울 크기와 업스케일러를 설정한 다음 [생성] 버튼을 누르면 업스케일된 이미지를 생성 할 수 있습니다.

챗GPT에게 요약을 통해 Stable Diffusion WebUI 기능 확인하기

01 더 많은 Stable Diffusion WebUI의 설명을 얻기 위해서 아래의 Stable Diffusion WebUI github 사이트에 접속합니다. 스크롤을 아래로 내려 Features에서 다음 부분을 클릭합니다.

- https://github.com/AUTOMATIC1111/stable-diffusion-webui

02 Features(특징들) 페이지로 Stable Diffusion WebUI의 기능을 이미지를 이용하여 설명해주는 페이지입니다. 다만 영어로 되어 있고 전문적인 용어가 많아서 해석에 어려움이 있습니다.

03 요약하고 싶은 부분을 드래그하여 선택한 후 우클릭 후 [복사] 메뉴를 선택해 복사합니다.

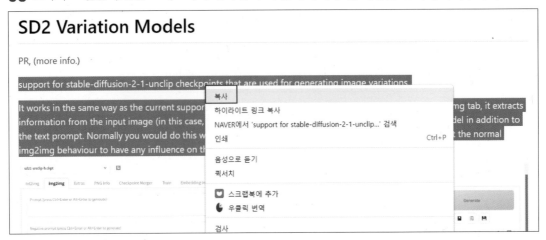

04 챗GPT에게 질문을 통해 답변을 얻을 수 있습니다. 위 과정에서 복사한 질문 내용을 챗GPT 질문 창에 붙여 넣은 다음 마지막 줄에 "위의 내용을 한글로 쉽게 요약해서 설명해줘"를 입력하여 영문 내용을 한글로 요약하여 답변을 얻을 수 있습니다.

 support for stable-diffusion-2-1-unclip checkpoints that are used for generating image variations.

It works in the same way as the current support for the SD2.0 depth model, in that you run it from the img2img tab, it extracts information from the input image (in this case, CLIP or OpenCLIP embeddings), and feeds those into the model in addition to the text prompt. Normally you would do this with denoising strength set to 1.0, since you don't actually want the normal img2img behaviour to have any influence on the generated image.

위의 내용을 한글로 쉽게 요약해서 설명해줘

 "stable-diffusion-2-1-unclip" 체크포인트는 이미지 변형을 생성하는 데 사용되는 모델입니다. 이 모델은 현재 SD2.0 깊이 모델과 동일한 방식으로 작동합니다. img2img 탭에서 실행하며, 입력 이미지에서 정보를 추출한 다음 해당 정보를 모델에 제공하여 텍스트 프롬프트와 함께 이미지를 생성합니다. 일반적으로 이미지 변형에 대한 영향을 미치지 않도록 denoising 강도를 1.0으로 설정합니다.

04 커스텀 모델 다운로드 후 적용하기

Stable Diffusion WebUI에서 사용하는 커스텀 모델을 다운로드하여 적용해보도록 합니다.
Civitai 사이트는 사용자가 AI로 생성한 그림과 자료들을 업로드하고 또한 다운로드 받을 수 있는 커뮤니티 사이트입니다. AI 이미지를 생성할 때 빼놓을 수 없는 가장 규모가 큰 사이트입니다.

01 https://civitai.com/ 사이트에 접속하여 [Realistic Vision] 모델을 검색 후 다운로드 받습니다.
모델의 버전은 계속 업데이트되니 꼭 동일한 모델이 아니어도 괜찮습니다.

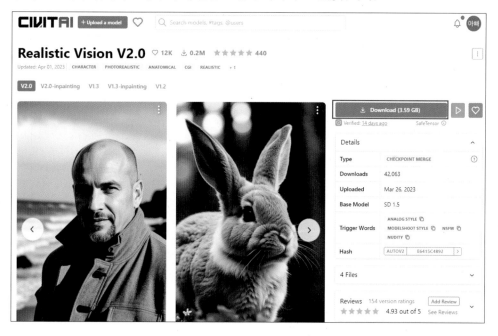

02 다운로드 폴더에 모델파일이 다운로드 되었습니다. [Ctrl + X]를 눌러 모델파일을 잘라내기 합니다.

03 [C:₩stable-diffusion-webui₩models₩Stable-diffusion] 폴더에 Ctrl + V 를 눌러 붙여넣기하여 파일을 이동합니다. Stable Diffusion WebUI는 [C:₩stable-diffusion-webui] 폴더에 설치되어 있습니다. 다른 폴더에 설치하였다면 설치된 폴더의 [models₩Stable-diffusion] 폴더에 모델파일을 넣습니다.

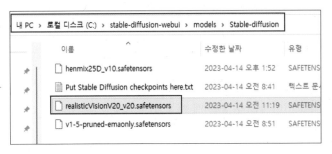

04 Stable Diffusion WebUI에서 [Stable Diffusion 체크포인트] 파일을 [Realistic Vision]으로 변경합니다. 모델이 보이지 않는다면 [새로고침] 아이콘을 누르면 폴더를 다시 탐색하여 선택 할 수 있습니다.

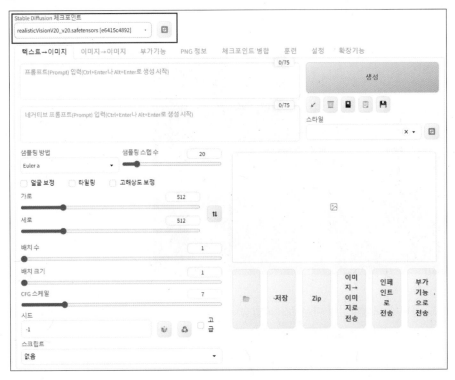

05 이미지보정을 위한 VAE를 다운로드 받고 적용합니다. 이 모델의 경우 VAE를 사용하는 것을 추천한다고 다운로드 페이지까지 친절하게 표시해주었습니다. 아래 링크 주소를 클릭합니다.

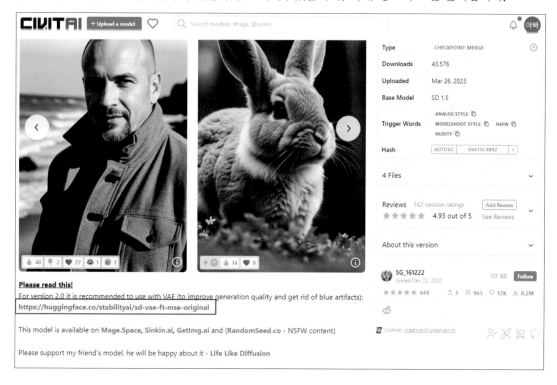

06 혹시 페이지를 제공하지 않는다면 vae-ft-mse-840000-ema-pruned.safetensors를 구글에서 검색 후 아래 사이트에 접속합니다. 일반적인 사진에서 많이 사용하는 vae로 보통 이 모델을 VAE로 많이 사용합니다.

07 Files 탭으로 이동합니다.

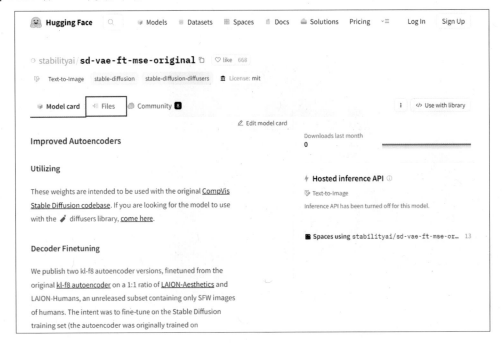

08 [vae-ft-mse-840000-ema-pruned.safetensors] 파일을 다운로드 받습니다.

09 다운로드 받은 파일을 Ctrl + X 를 눌러 잘라냅니다.

10 [C:₩stable-diffusion-webui₩models₩VAE] 폴더로 Ctrl + V 를 눌러 붙여넣기 하여 이동합니다.

11 Stable Diffusion WebUI로 돌아와 [설정] -> [Stable Diffusion] 탭으로 이동하여 SD VAE 부분에 vae-ft-mse-840000-ema-pruned.safetensors로 선택한 다음 [설정 적용하기] 버튼을 눌러 적용합니다. 모델이 보이지 않는다면 새로고침 아이콘을 클릭합니다.

12 샘플이미지와 비슷한 이미지를 생성하고 싶다면 이미지의 정보를 얻기 위해서 출력하는 이미지 하나를 클릭합니다.

13 이미지페이지에 접속 후 이미지에 마우스 오른쪽을 클릭 후 [이미지를 다른 이름으로 저장...]을 클릭하여 이미지를 컴퓨터에 저장합니다.

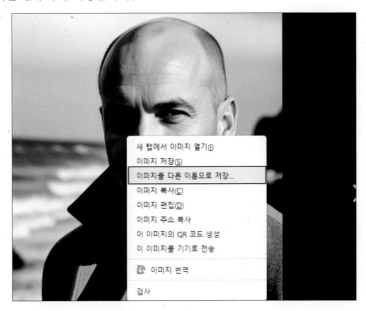

14 이미지의 이름은 중요하지 않으니 이름을 변경하지 않고 저장합니다. 다운로드 폴더에 저장되었습니다.

15 [Stable Diffusion WebUI]에서 [PNG정보] 탭으로 이동합니다.

16 다운로드 받은 폴더에서 [PNG정보] 탭의 이미지 부분에 파일을 드래그합니다. 또는 클릭해서 업로드 통해 이미지를 입력해도 됩니다.

17 이미지생성에 사용했던 설정값을 확인 할 수 있습니다. [텍스트->이미지로 전송]을 클릭하여 이미지 생성 시 사용했던 설정값을 [텍스트->이미지] 변환으로 설정합니다.

18 이미지의 정보를 바탕으로 값들이 자동으로 입력되었습니다. [생성] 버튼을 눌러 이미지를 생성합니다.

Stable Diffusion 체크포인트

realisticVisionV20_v20.safetensors [e6415c4892]

| 텍스트→이미지 | 이미지→이미지 | 부가기능 | PNG 정보 | 체크포인트 병합 | 훈련 | 설정 | 확장기능 |

60/75

b&w photo of 42 y.o man in black clothes, bald, face, half body, body, high detailed skin, skin pores, coastline, overcast weather, wind, waves, 8k uhd, dslr, soft lighting, high quality, film grain, Fujifilm XT3

120/150

(semi-realistic, cgi, 3d, render, sketch, cartoon, drawing, anime:1.4), text, close up, cropped, out of frame, worst quality, low quality, jpeg artifacts, ugly, duplicate, morbid, mutilated, extra fingers, mutated hands, poorly drawn hands, poorly drawn face, mutation, deformed, blurry, dehydrated, bad anatomy, bad proportions, extra limbs, cloned face, disfigured, gross proportions, malformed limbs, missing arms, missing legs, extra arms, extra legs, fused fingers, too many fingers, long neck

생성

스타일

샘플링 방법
Euler a

샘플링 스텝 수   25

☐ 얼굴 보정   ☐ 타일링   ☑ 고해상도 보정   resize: from 384x640 to 576x960

업스케일러
Latent

Hires steps   0   디노이즈 강도   0.5

Upscale by   1.5   Resize width to   0   Resize height to   0

가로   384   배치 수   1

세로   640   ⇅   배치 크기   1

CFG 스케일   7

시드
101837751   ☐ 고급

Override settings
ENSD: 31337 ×

스크립트
없음

저장   Zip   이미지→이미지로 전송   인페인트로 전송   부가기능으로 전송

19 모든 이미지가 동일하게 생성되지는 않지만 이 모델은 동일한 이미지를 생성하였습니다.

※ 그래픽카드, 프로그램 버전 등으로 완전 동일한 사진이 나오지 않을 수 있습니다.

커스텀모델을 다운로드 받고 적용하는 방법에 대해서 알아보았습니다. 다음 장에서는 LORA를 사용하여 이미지를 생성하는 방법에 대해서 알아보도록 합니다.

05 LORA 사용하여 이미지 생성하기

LORA는 stable diffusion이라는 생성 모델링 알고리즘과 함께 사용됩니다. stable diffusion은 생성된 이미지가 자연스러움과 안정성을 보장하면서도 다양한 스타일과 분포를 가지도록 하는 모델링 방법입니다. 따라서 LORA와 stable diffusion을 함께 사용함으로써, 높은 품질의 이미지 생성을 가능하게 합니다.

LORA는 기존의 모델에 원하는 부분을 추가적으로 그릴 수 있는 기능입니다. 예를 들어 사람을 그릴 때 옷은 LORA를 참고하여 그리거나 얼굴을 LORA를 참고하여 그릴 수 있습니다.

이번 실습은 사람을 그리고 옷은 LORA를 이용하여 한복으로 그리도록 합니다.

01 Civitai 사이트에 접속합니다. https://civitai.com/
02 hanbok을 검색 후 아래 [Female Noble Class Hanbok – Korea Clothes] lora를 선택합니다. 한복이미지를 클릭합니다.

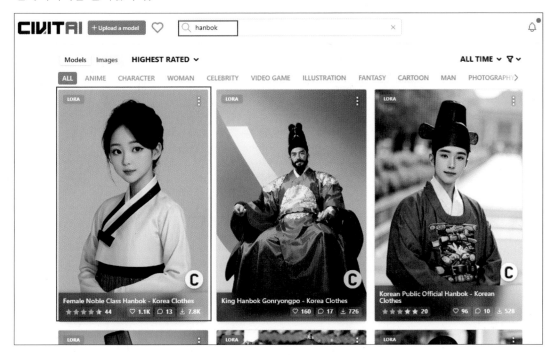

03 LORA 파일을 다운로드 받습니다.

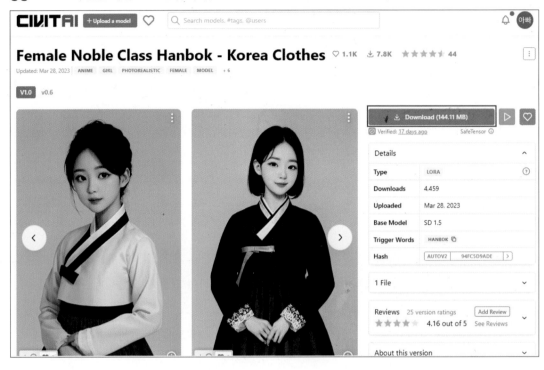

04 Trigger Words 부분이 중요합니다. 프롬프트에 트리거되는 단어를 입력해야 LORA가 동작합니다. 한복 LORA의 트리거 워드(방아쇠가 되는 단어)는 hanbok입니다.

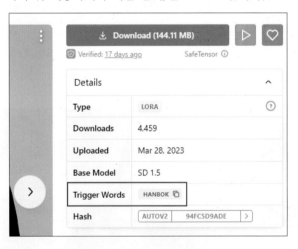

05 다운로드 받은 파일을 `Ctrl` + `x` 를 눌러 잘라냅니다.

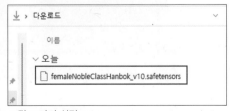

06 [C:\stable-diffusion-webui\models\Lora] 폴더에 붙여넣기 하여 LORA를 적용합니다.

07 한복사진을 하나 클릭하여 그릴 때 사용된 모델을 참고합니다. LORA의 경우 방금 다운로드 하여 적용하였습니다. 기본모델이 되는 부분은 [henmix_2.5D] 모델로 [henmix_2.5D] 부분을 클릭하여 모델 다운로드 페이지로 이동합니다. 기본모델은 스테이블디퓨전 기본모델을 사용해도 되지만 한복의 경우 한국 사람이 입었을 때 보기가 좋아 한국 사람을 그릴 수 있는 베이스 모델을 다운로드 하여 적용합니다.

08 한국 사람을 잘 그리는 모델인 henmix_2.5D 모델을 다운로드 받습니다.

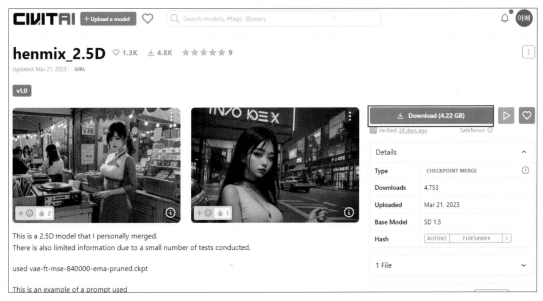

09 다운로드 폴더에 모델파일이 다운로드 되었습니다. `Ctrl` + `x` 를 눌러 잘라냅니다.

10 잘라내기한 모델파일을 [C:\stable-diffusion-webui\models\Stable-diffusion]로 `Ctrl` + `v` 를 눌러 이동합니다.

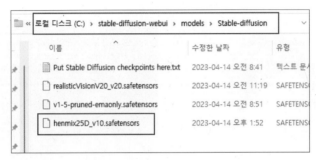

11 이미지 보정을 위한 vae파일이 적용되었습니다. 아래 [vae-ft-mse-840000-ema-pruned. ckpt] 부분을 복사합니다.

12 구글에서 [vae-ft-mse-840000-ema-pruned.ckpt]를 검색한 다음 아래 huggingface 사이트에 접속합니다.

13 vae파일을 다운로드 받습니다.

14 다운로드 받은 vae파일을 잘라냅니다.

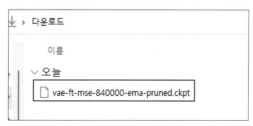

15 vae파일을 [C:₩stable-diffusion-webui₩models₩VAE]로 이동합니다.

내 PC › 로컬 디스크 (C:) › stable-diffusion-webui › models › VAE		
이름 ^	수정한 날짜	유형
📄 Put VAE here.txt	2023-04-14 오전 8:41	텍스
📄 vae-ft-mse-840000-ema-pruned.ckpt	2023-04-14 오후 2:07	CK

16 stable-diffusion-webui에서 [설정]으로 이동하여 [Stable Diffusion]에서 SD VAE 부분을 [vae-ft-mse-840000-ema-pruned.ckpt]로 선택한 다음 [설정 적용하기]를 눌러 설정을 적용합니다. SD VAE부분에서 파일이 보이지 않는다면 [새로고침] 아이콘을 클릭합니다.

17 다시 한복 이미지로 이동하여 한복이미지를 다운로드 받습니다.

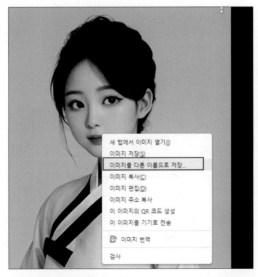

18 PNG 정보에서 사진을 읽은 다음 [텍스트–>이미지로 전송]을 눌러 이미지의 생성정보를 입력합니다.

19 Stable Diffusion 체크포인트를 [henmix25D_v10.safetensors]로 변경합니다. [화투패] 클릭한 다음 [로라] 탭에서 [새로고침]을 누른 다음 [femaleNobleClassHanbok_v10]을 클릭합니다.

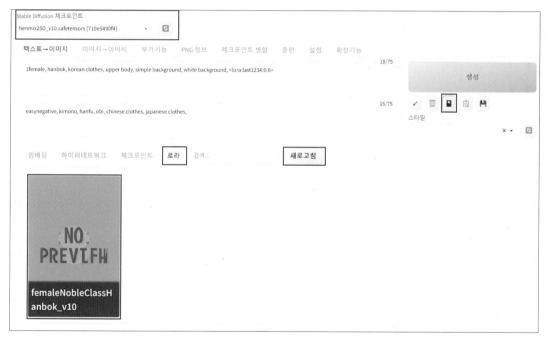

20 프롬프트 영역에 〈lora:femaleNobleClassHanbok_v10:1〉 추가되었습니다.
〈lora:femaleNobleClassHanbok_v10:1〉는 1은 100% lora를 참고해서 그리라는 뜻입니다. 0.6으로 수정합니다. 이전에 입력된 〈lora:last1234:0.6〉는 삭제합니다.

텍스트→이미지	이미지→이미지	부가기능	PNG 정보	체크포인트 병합	훈련	설정	확장기능

18/75

1female, hanbok, korean clothes, upper body, simple background, white background, <lora:last1234:0.6>
<lora:femaleNobleClassHanbok_v10:1>

16/75

easynegative, kimono, hanfu, obi, chinese clothes, japanese clothes,

21 〈lora:femaleNobleClassHanbok_v10:0.6〉으로 lora에서 60%정도 참고하여 한복을 그리 라는 뜻입니다. 트리거워드로는 hanbok이 입력되었습니다.

텍스트→이미지	이미지→이미지	부가기능	PNG 정보	체크포인트 병합	훈련	설정	확

18/75

1female, hanbok, korean clothes, upper body, simple background, white background, <lora:femaleNobleClassHanbok_v10:0.6>

16/75

easynegative, kimono, hanfu, obi, chinese clothes, japanese clothes,

22 [생성] 버튼을 눌러 이미지를 생성합니다.

23 전체적인 얼굴체형 등은 [henmix25D_v10.safetensors] 모델을 참고하여 그려졌고 옷은 lora인 [femaleNobleClassHanbok_v10.safetensors]를 참고하여 한복으로 그렸습니다. civitai에서 제공하는 샘플이미지와 다른 경우는 그래픽카드 등 버전 등이 미세하게 달라서 100% 동일한 그림이 생성되지 않았습니다.

이처럼 LORA는 원래 이미지에 특정부분만을 참고하여 그릴 수 있는 기능입니다.

06 하이퍼네트워크로 초간단 이미지 생성하기

하이퍼네트워크는 이미지의 그림체를 설정 할 수 있는 모델입니다. 원본 이미지 1장을 가지고 하이퍼네트워크 기능을 이용하여 학습을 시키는 방법입니다.

01 Civitai 사이트에 접속합니다. https://civitai.com/

02 hypernetwork를 검색 후 아래의 이미지를 클릭합니다.

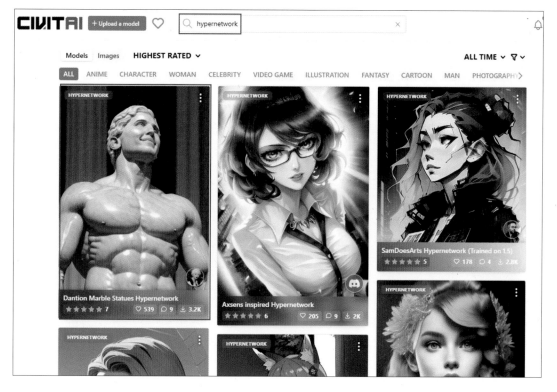

03 하이퍼네트워크 모델을 다운로드 받습니다.

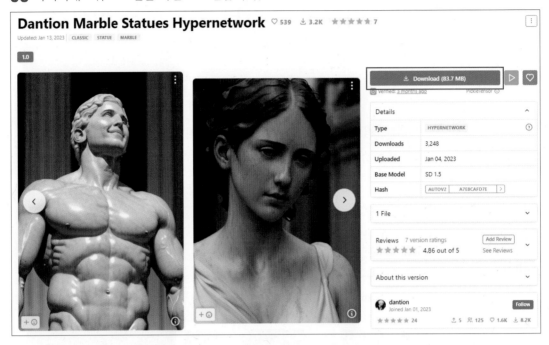

04 다운로드 폴더에 하이퍼네트워크 모델이 다운로드 되었습니다. [컨트롤 + x]를 눌러 잘라내기 합니다.

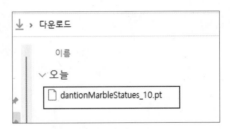

05 [C:\stable-diffusion-webui\models\hypernetworks] 경로에 [컨트롤 + v]를 눌러 붙여 넣기 합니다.

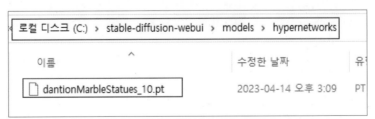

06 이미지의 정보를 얻기 위해서 이미지를 클릭합니다.

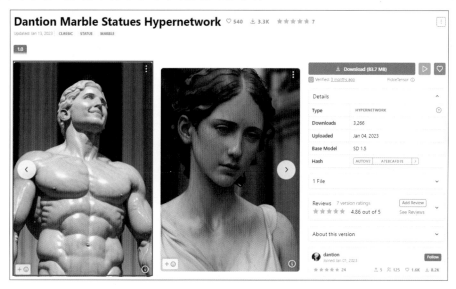

07 큰 이미지에서 마우스 오른쪽을 누른 후 이미지를 저장합니다.

08 [PNG정보] 탭에서 이미지의 정보를 읽은 후 [텍스트-〉이미지로 전송]을 클릭합니다.

09 모델을 v1-5인 stable diffusion 기본모델로 선택합니다. [화투패]를 선택 후 [하이퍼네트워크] 탭으로 이동한 다음 방금 넣은 모델을 클릭합니다. 모델이 보이지 않는다면 [새로고침] 버튼을 눌러 모델을 새로고침합니다.

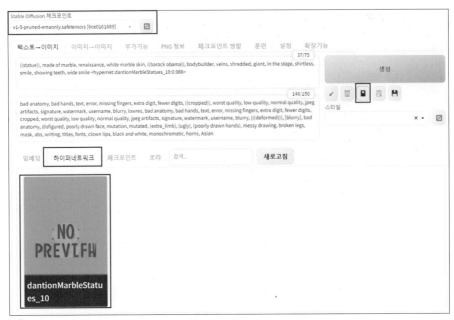

10 하이퍼네트워크 모델 클릭 시 〈hypernet:dantionMarbleStatues_10:1〉 문구가 입력됩니다. 1 은 100% 적용한다는 뜻으로 1 이하 값으로 수정합니다. 여기서는 0.988로 하였습니다.

((statue)), made of marble, renaissance, white marble skin, ((barack obama)), bodybuilder, veins, shredded, giant, in the stage, shirtless, smile, showing teeth, wide smile〈hypernet:dan tionMarbleStatues_10:0.988〉

11 [생성] 버튼을 눌러 이미지를 생성하였습니다. 하이퍼네트워크를 적용하였습니다.

07 컨트롤넷 사용하여 이미지 생성하기

Stable Diffusion의 경우 텍스트를 기반하여 이미지를 생성합니다. 원하는 이미지의 구도나, 사람의 포즈 등을 텍스트만을 이용하여 만들기에는 매우 어렵고 원하는 사진을 얻기 위해 많은 이미지를 생성해야합니다. 하지만 컨트롤넷이라는 추가기능을 설치하여 그려지는 이미지의 구도, 사람의 포즈 등을 참고하여 그릴 수 있습니다. 컨트롤넷의 추가기능은 2023.04월 기준 Stable Diffusion WebUI 에서만 설치가 가능합니다. Easy-diffusion에서는 사용이 불가능합니다. Easy-diffusion이 설치하거나 사용하기에는 쉬우나 이처럼 부가기능을 설치하거나 특수한 기능을 사용하기에는 아직 부족합니다.

01 [확장기능] 탭에서 [URL로부터 확장기능 설치]로 이동하여 아래 링크주소를 입력 후 [설치] 버튼을 눌러 확장기능을 설치합니다.

- https://github.com/Mikubill/sd-webui-controlnet

02 설치가 완료되면 아래 Installed 메시지가 출력됩니다.

03 아래 컨트롤넷의 github 사이트에 접속한 다음 스크롤을 아래로 내려 Model을 다운로드 받는 페이지에 접속합니다.

- https://github.com/Mikubill/sd-webui-controlnet

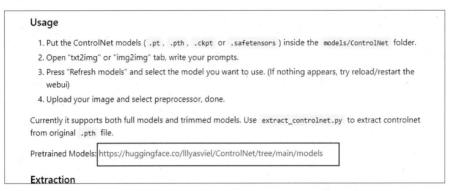

04 모델들을 LFS 버튼을 눌러 모두 다운로드 받습니다. 하나당 용량이 약 6기가로 8개 모두 다운로드 받았을 경우 50기가 가량의 용량이 됩니다. 모델의 용량이 매우 크므로 원하는 모델만을 선택하여 적용하여도 됩니다.

05 파일이 모두 다운로드 되었습니다.

06 다운로드 받은 모델파일들을 [C:₩stable-diffusion-webui₩extensions₩sd-webui-controlnet₩models] 경로에 이동합니다.

07 stable diffusion WebUI를 완전 종료 후 다시 실행합니다.

08 아래 [ControllNet]이 추가되었습니다.

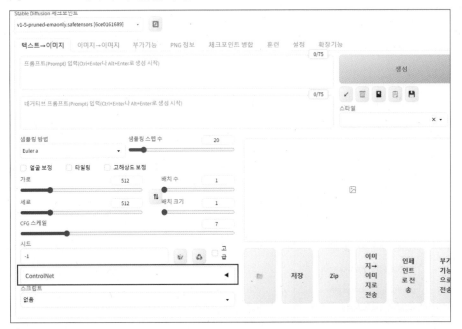

09 [ControllNet]을 클릭하면 다양한 기능이 추가됩니다.

이미지를 이용하여 다른 비슷한 이미지를 생성하는 방법에 대해 알아봅니다.

비슷하게 그릴 사진을 하나 준비합니다.

01 [이미지→이미지] 탭에서 이미지를 업로드 후 [DeepBooru 분석] 아이콘을 클릭하여 이미지를 분석하여 텍스트로 변환합니다.

02 다음은 동일한 이미지를 CLIP 분석과 DeepBooru 분석을 비교하였습니다.

CLIP 분석

```
two children sitting on a bench in the middle of a field with mountains in the background and
a blue sky with clouds<error>
```

DeepBooru 분석

1boy, beach, blonde_hair, blue_sky, bush, cliff, cloud, cloudy_sky, condensation_trail, day, field, flower, flower_field, grass, hat, hill, horizon, house, island, landscape, link, mountain, mountainous_horizon, nature, ocean, outdoors, path, road, scenery, sky, sunrise, sunset, tree, twilight, water

03 [텍스트−>이미지] 탭으로 이동하여 분석한 텍스트를 붙여넣습니다.

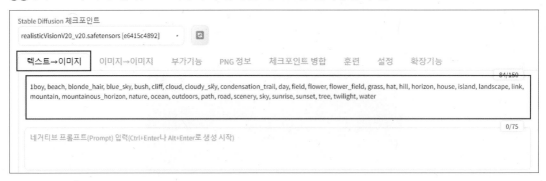

04 ConrtolNet에서 사진을 넣은 다음 Enable에 체크합니다.
Preprocessor와 Model을 맞춰 설정합니다.

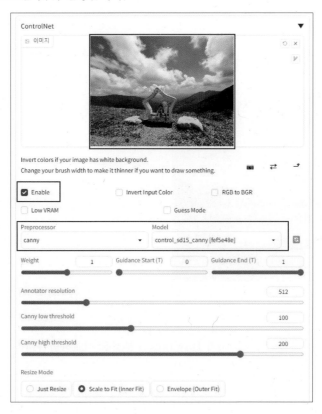

05 아래는 canny, depth, head, mlsd, normal, openpose, scrible, seg를 이용하여 각각 출력한 이미지입니다. 왼쪽 이미지는 생성된 이미지이고 오른쪽은 이미지를 어떻게 참고하였는지 나타내는 이미지입니다.

- canny: 이미지의 윤곽선을 이용하여 그림을 생성

- depth: 이미지의 깊이 정보를 이용하여 그림을 생성. 깊이감이 있는 이미지가 생성됩니다.

- head

- mlsd

- normal

- openpose: openpose의 경우 인물의 포즈 전용으로써 구도 등으로 사용하기 적당하지 않습니다.

- scrible

- seg

08 포즈를 사용해서 그림 생성하기

컨트롤넷의 포즈를 원하는 대로 그려 사용하는 방법에 대해서 알아봅니다.

01 Civitai 사이트에 접속합니다. https://civitai.com/

02 사이트에서 [openpose]를 검색한 다음 Openpose Editor를 클릭합니다.

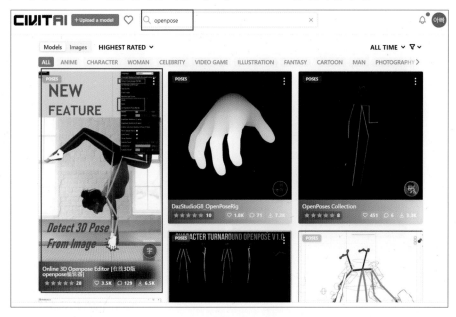

03 다운로드 버튼을 눌러 파일을 다운로드 받습니다.

04 다운로드 받은 파일의 압축을 풀어줍니다.

05 폴더 안에 index 파일을 더블클릭하여 실행합니다.

06 웹브라우저를 통해 pose 에디터가 동작합니다.

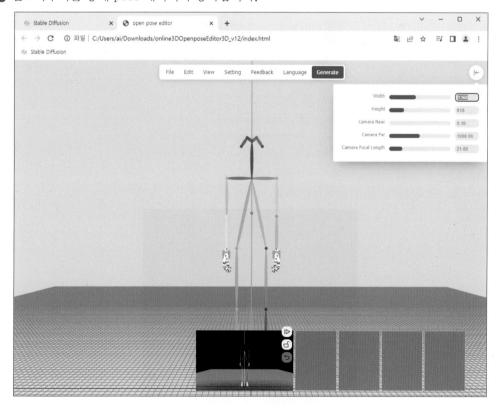

07 관절 등을 클릭하여 원하는 포즈의 생성이 가능합니다. [Generate] 버튼을 클릭 후 아래 부분의 이미지를 클릭하면 이미지를 다운로드 받을 수 있습니다.

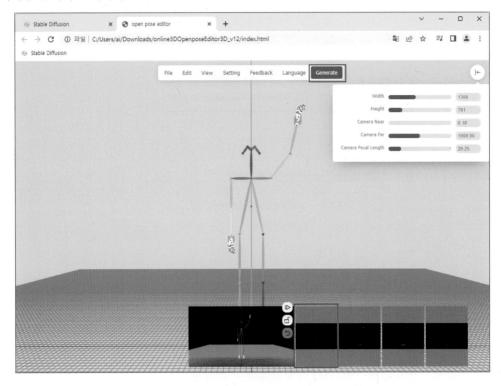

08 포즈를 만들어 생성한 이미지가 다운로드 되었습니다.

09 이미지를 확인해보면 잘 만들어졌습니다.

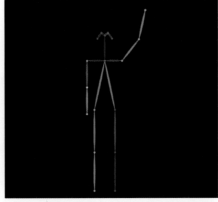

10 Stable Diffusion WebUI로 이동하여 ControlNet에서 생성한 이미지를 입력합니다. Model부분에 openpose를 선택합니다. Preprocessor는 none으로 선택하지 않습니다.

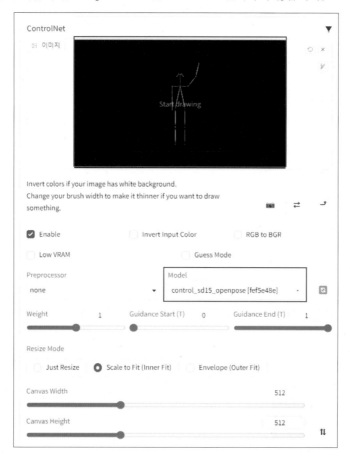

11 사람 이미지를 생성하기 위해 프롬프트를 1man을 입력 후 [생성] 버튼을 클릭하여 이미지를 생성합니다. 생성된 이미지가 내가 그린포즈대로 생성되었습니다.

12 Openpose Editor는 온라인 버전도 제공하며, Stable Diffusion WebUI 추가기능으로도 설치할 수 있습니다.

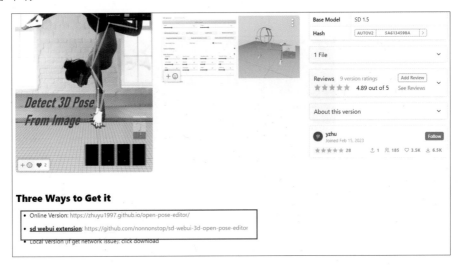

13 포즈를 만드는 과정은 은근 어렵기 때문에 civitai에서 pose로 검색해서 다른 사람이 만들어놓은 포즈를 가져와 사용이 가능합니다.

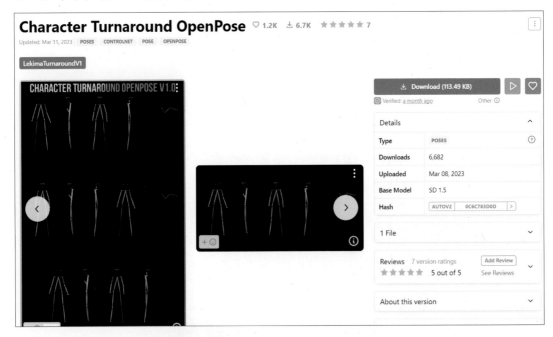

09 civitai 확장기능 설치하기

다양한 모델을 설치하다보면 이름만으로 어떤 모델인지 기억하기 쉽지 않습니다. 모델의 이미지를 보여주는 civitai 확장기능을 설치하여 이미지로 모델을 확인합니다. 모델의 관리가 편해집니다.

01 [화투패] 부분을 선택하면 설치된 모델을 확인 할 수 있습니다. 모델의 이름으로만 표시되어 어떤 이미지인지 확인하기 어렵습니다.

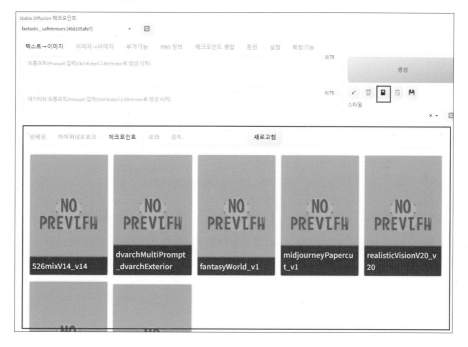

02 확장기능을 설치하기 위해서 [확장기능]-〉[URL로부터 확장기능 설치] 부분에서 아래 주소를 입력 후 [설치]를 클릭합니다.

- https://github.com/butaixianran/Stable-Diffusion-Webui-Civitai-Helper

03 설치완료 후 [설정] 탭으로 이동하여 [Reload UI]를 클릭하여 UI를 재시작합니다. 또는 Stable Diffusion WebUI을 종료 후 다시 실행하여도 됩니다.

04 [Civitai Helper] 탭이 새로 생겼습니다. [Download Max Size Preview]부분에 체크한 다음 [Scan]을 눌러 설치된 모델파일의 이미지와 정보를 자동으로 다운로드 받습니다. 설치된 모델이 많을 경우 시간이 조금오래 소요될 수 있습니다.

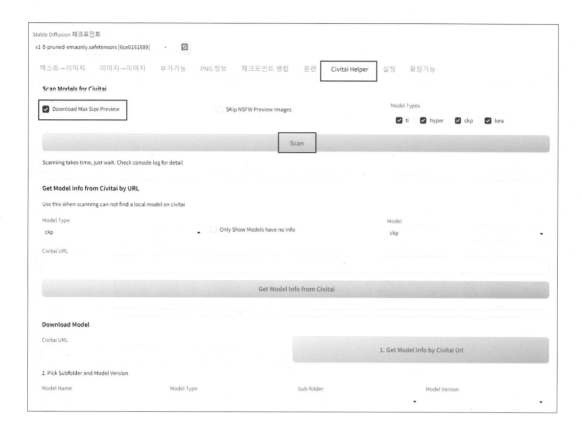

05 설치된 모델로 이동하여 액자부분을 클릭하면 이미지로 변경됩니다.

06 이미지로 변경되어 설치한 모델의 이미지를 확인 할 수 있습니다. 체크포인트에서 모델을 클릭하면 모델을 바로 변경 할 수 있습니다. 이제 이미지를 보면서 모델을 선택 할 수 있습니다.

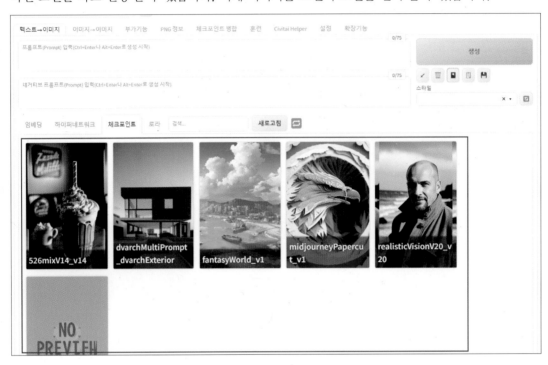

07 또 다른 좋은 점은 로라(LORA) 모델에서 느낌표 아이콘을 클릭하면 정보 확인이 가능합니다.

08 로라(LORA)모델을 생성 할 때 사용한 프롬프트로 많이 사용한 횟수를 확인하여 로라(LORA)의
트리거 워드로 사용 할 수 있습니다.

```
{
    ss_sd_model_name :  v1-5-pruned-emaonly.safetensors ,
   "ss_resolution": "(512, 512)",
   "ss_clip_skip": "2",
   "ss_num_train_images": "220",
   "ss_tag_frequency": {
       "10_architectural": {
           "bare_tree": 8,
           "building": 22,
           "bush": 10,
           "day": 16,
           "forest": 8,
           "house": 20,
           "multiple_girls": 14,
           "nature": 12,
           "no_humans": 22,
           "outdoors": 22,
           "palm_tree": 10,
           "scenery": 22,
           "tree": 22,
           "grass": 12,
           "plant": 14,
           "car": 8,
           "city": 8,
           "ground_vehicle": 8,
           "lamppost": 6,
           "motor_vehicle": 10,
           "road": 6,
           "street": 8,
           "architecture": 6,
           "chain-link_fence": 2,
           "east_asian_architecture": 4,
           "fence": 2,
           "real_world_location": 6,
           "shrine": 4,
           "sky": 4,
           "bench": 6,
           "copyright_name": 2,
           "pavement": 2,
           "potted_plant": 6,
           "album_cover": 6,
           "castle": 2,
           "cityscape": 2,
           "cloud": 2,
           "gate": 2,
           "pagoda": 2,
           "skyscraper": 2,
           "tokyo_\\(city\\)": 2,
           "flower": 6,
           "garden": 2,
           "couch": 4,
           "door": 2,
           "pool": 2,
           "stairs": 2,
           "table": 2,
```

CHAPTER

03

인공지능 그림 생성 실전 프로젝트

챗GPT를 이용해서 그림을 생성하기위한 프롬프트를 생성하고 생성된
프롬프트로 stable diffusion을 이용하여 다양한 그림을 생성합니다.

01 인공지능 그림 생성 프롬프트의 중요도

생성하고자 하는 이미지를 텍스트 형태로 입력이 가능합니다. 단어와 단어 사이는 ,(콤마)를 이용하여 구분이 됩니다. 해바라기와 꿀벌을 그릴 수 있도록 프롬프트 입력합니다.

<u>프롬프트</u>

sunflowers, bee

해바라기와 꿀벌이 그려졌습니다. 꿀벌이 나온 사진이 2장입니다.

프롬프트의 중요도를 () 괄호를 이용하여 지정할 수 있습니다. () 괄호 한 번에 0.1씩 증가 합니다. (()) 괄호를 두 번 감싼 프롬프트를 입력하였습니다. 꿀벌의 중요도는 1.2입니다.

<u>프롬프트</u> : sunflowers,((bee))

괄호가 많아지면 프롬프트의 작성에 불편함이 있어 sunflowers,(bee:1.2) 괄호를 한 번 한 다음에 :(콜론)을 입력 후 1.2와 같이 비율을 입력합니다. ()괄호 한 번에 1.1씩 곱합니다. (())괄호가 두 번일 경우에는 1.1x1.1=1.21입니다. sunflowers,((bee)) 는 sunflowers,(bee:1.21) 와 동일합니다.

sunflowers,((((bee)))) 는 sunflowers,(bee:1.4641) 와 동일합니다. 비율이 올라갈수록 ()괄호의 개수가 늘어나기 때문에 콜론을 이용한 비율을 지정하는 방법이 일반적으로 사용됩니다.

꿀벌의 비중이 올라 모든 사진에 꿀벌이 생성되었습니다.

그림 생성에 비율을 낮추는 방법도 있습니다. [] 대괄호를 이용하면 [] 대괄호 하나당 나누기 1.1씩 비율을 줄일 수도 있습니다. [[]] 대괄호 두 개일 경우는 1/1.1/1.1 로 1.1을 두 번 나눈 결과입니다. [] 대괄호를 두 번 감싼 프롬프트를 입력하였습니다. bee의 중요도는 0.826로 입력되었습니다.

프롬프트 : sunflowers,[[bee]]

sunflowers,[[bee]]는 sunflowers,(bee:0.826)과 같습니다. [] 대괄호 하나당 1.1씩 나누기를 합니다. [] 대괄호가 많아지면 불편하기 때문에 보통 (bee:0.8) 로 비율을 지정하는 방식을 사용합니다. sunflowers,[[[bee]]]는 sunflowers,(bee:0.683)과 같습니다.

꿀벌의 중요도가 0.826로 2장의 사진에서만 꿀벌이 그려졌습니다.

프롬프트에서 그리고자하는 물체의 비율을 지정하여 그림의 생성이 가능합니다.

02 미술 작품 그리기

챗GPT를 이용하여 미술 작품을 그리기위한 프롬프트를 생성하고 인공지능으로 미술 작품 그림을 생성해보도록 합니다.

미술 작품을 만들기 위해서 챗GPT에게 화가의 이름을 질문하였습니다. 다양한 화가의 이름을 알려주었습니다.

역대 화가중에 유명한 화가를 알려줘

1. 레오나르도 다 빈치 (Leonardo da Vinci) – 이탈리아의 대표적인 화가로 '만찬의 대제자' 등의 작품으로 유명합니다. 또한 과학자, 발명가, 철학자 등으로도 활동했습니다.

2. 빈센트 반 고흐 (Vincent van Gogh) – 네덜란드의 화가로, 그의 대표작인 '별이 빛나는 밤', '해바라기' 등으로 유명합니다.

3. 미켈란젤로 부오나로티 (Michelangelo Buonarroti) – 이탈리아의 대표적인 화가로, 천장화 '시스티나성당' 등의 작품으로 유명합니다. 또한 조각가로서도 유명합니다.

4. 피카소 (Pablo Picasso) – 스페인 출신의 화가로, 다양한 예술적 스타일을 시도하며, '게르니카' 등의 작품으로 유명합니다.

5. 앤디 워홀 (Andy Warhol) – 미국의 대표적인 팝 아트 화가로, '캔드리스', '마릴린' 등의 작품으로 유명합니다.

6. 에드바르드 뭉크 (Edvard Munch) – 노르웨이 출신의 화가로, '절규' 등의 작품으로 유명합니다.

7. 카스파르 다비드 프리드리히 (Caspar David Friedrich) – 독일의 화가로, 자연 속에서의 인간의 존재감을 강조한 '산의 중턱에서의 예배', '얼어붙은 바다' 등의 작품으로 유명합니다.

8. 클로드 모네 (Claude Monet) – 프랑스의 인상파 화가로, '물리 위에 꽃잎', '수련' 등의 작품으로 유명합니다.

9. 라파엘 (Raphael) – 이탈리아의 대표적인 화가로, '아테네 학당' 등의 작품으로 유명합니다.

10. 존 시ㅐ저 사지 (John Singer Sargent) – 미국의 화가로, 인물화로 유명합니다. '마담 X' 등의 작품으로 유명합니다.

[New chat]으로 새로운 챗을 생성하여 질문합니다. 화가를 알려주는 대화의 주제와 그림을 생성하는 프롬프트를 생성하는 대화의 주제가 다르기 때문에 새로운 챗으로 대화를 진행합니다.

 stable diffusion은 인공지능으로 그림을 그릴 수 있어. 텍스트를 입력하면 텍스트를 기반으로 그림을 생성하지. 입력되는 텍스트를 프롬프트라고해. 프롬프트는 영어로 작성되어야해. 영어 프롬프트 옆에 한글로 설명해줘. 모네의 그림체로 미술 작품 프롬프트를 5개 만들어줘.

 안녕하세요! Stable diffusion을 이용해 텍스트를 기반으로 그림을 그리는 것은 매우 흥미로운 일이에요. 여러분이 입력하는 프롬프트에 따라 그림의 모양과 색깔, 내용 등이 달라질 수 있어요.

그리고 모네의 그림체로 미술 작품 프롬프트를 5개 만들어드리겠습니다.

1. "A tranquil garden scene with a pond and lilies floating on the water." 한글: "연못 위에 떠 있는 연꽃과 정자가 있는 조용한 정원 풍경."

2. "A group of people picnicking in a field of colorful flowers." 한글: "색상이 다양한 꽃 밭에서 소풍을 즐기는 사람들의 모습."

3. "A bridge over a peaceful river surrounded by trees in autumn colors." 한글: "가을색 나무들에 둘러싸인 평온한 강 위에 있는 다리."

4. "A small house on the edge of a cliff overlooking the ocean during a sunset." 한글: "일몰이 진 동안 바다를 내려다보는 절벽 가장자리의 작은 집."

5. "A bustling street scene in a quaint European town with cafes and shops lining the road." 한글: "카페와 상점들이 길가에 늘어서 있는 매력적인 유럽 마을의 번화한 거리 풍경."

이렇게 5개의 미술 작품 프롬프트를 만들어드렸는데, 여러분이 이 프롬프트들을 이용해 어떤 그림이 그려질지 궁금해지네요!

질문 중 변경될 부분은 "모네의 그림체로 미술 작품 프롬프트를 5개 만들어줘" 부분으로 stable diffusion으로 그림 생성을 위한 프롬프트를 만드는 부분은 비슷하게 만들고 실제 그림을 묘사하는 부분만 변경해서 질문을 하면 챗GPT가 잘 알아듣고 답변을 생성합니다.

첫 번째 답변인 1. "A tranquil garden scene with a pond and lilies floating on the water." 한글: "연못 위에 떠 있는 연꽃과 정자가 있는 조용한 정원 풍경."을 이용하여 이미지를 생성해보도록 합니다. 모네의 그림체를 요청하였지만 모네가 프롬프트에 추가되지 않았습니다. 우선 그림을 생성해보도록 합니다.

프롬프트 : A tranquil garden scene with a pond and lilies floating on the water

이미지 생성결과입니다. "A tranquil garden scene with a pond and lilies floating on the water." 한글: "연못 위에 떠 있는 연꽃과 정자가 있는 조용한 정원 풍경." 으로 생성된 이미지입니다.

프롬프트 끝에, Claude Monet를 추가하여 모네의 그림체로 그리도록 수정합니다. ,(콤마)를 입력하여 프롬프트를 추가 할 수 있습니다.

> **프롬프트** : A tranquil garden scene with a pond and lilies floating on the water, Claude Monet

생성된 그림 결과입니다. 모네의 그림체로 그려졌습니다.

TIP 프롬프트젠(PromptGen) 설치

프롬프트를 풍성하게 생성해주는 확장기능인 프롬프트젠(PromptGen)을 설치합니다.

01 [확장기능] 탭에서 [지원되는 확장기능 목록] 탭으로 이동하여 [URL로부터 불러오기] 버튼을 클릭합니다. 아래 지원되는 확장기능을 [설치] 버튼을 눌러 손쉽게 설치할 수 있습니다.

02 스크롤을 아래로 내려 PromptGen을 검색 후 [설치]를 눌러 설치를 진행합니다.

03 설치완료 후 적용하기 위해서는 [설정] 탭으로 이동하여 [Reload UI] 버튼을 눌러 재시작합니다.

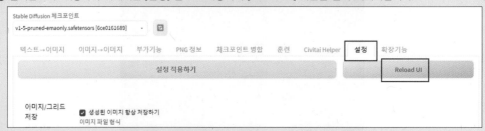

04 Promptgen 탭이 추가되었습니다. 자주쓰는 확장기능으로 추가해둡니다. 프롬프트를 간단하게 입력 후 [생성] 버튼을 누르면 다양한 프롬프트를 생성해줍니다. to txt2img를 눌러 텍스트->이미지 로 보낼 수 있고 to img2img를 눌러 이미지->이미지로도 보낼 수 있습니다.

프롬프트젠(Promptgen) 확장기능을 이용하여 프롬프트를 생성해보도록 합니다.

[Promptgen] 탭으로 이동하여 "A tranquil garden scene with a pond and lilies floating on the water, Claude Monet" 입력 후 [생성] 버튼을 눌러 프롬프트를 생성합니다. 첫 번째 생성된 프롬프트를 [to txt2img] 버튼을 눌러 [텍스트-〉이미지]에 입력합니다.

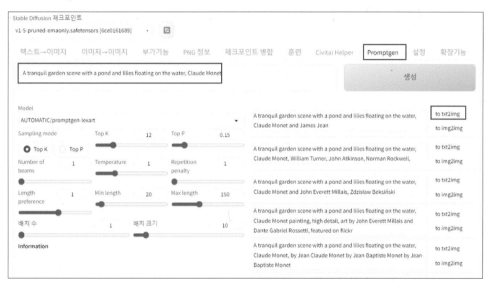

프롬프트젠(Promptgen)을 이용한 프롬프트를 이용하여 이미지를 생성합니다.

프롬프트 : A tranquil garden scene with a pond and lilies floating on the water, Claude Monet and James Jean

조금 더 풍성한 이미지가 생성되었습니다.

아래 4단계로 이미지를 생성하였습니다.

- 1단계 [챗GPT]로 아이디어 얻기
- 2단계 이미지 생성
- 3단계 [프롬프트젠]으로 프롬프트 다듬기
- 4단계 이미지 생성

위 순서로 이미지의 출력 퀄리티를 높였습니다.

챗GPT가 생성해준 다른 프롬프트를 이용해서 이미지를 생성해봅니다.

> **프롬프트 :** A small house on the edge of a cliff overlooking the ocean during a sunset, Claude Monet

이미지의 가로크기를 변경하였습니다. 풍경화면은 가로가 넓은 경우가 많기 때문에 변경하였습니다. 이미지의 크기가 크면 좋으나 이미지생성의 시간이 오래 소요되고 그래픽카드의 메모리가 부족하여 생성이 되지 않을 수 있습니다. 또한 이미지의 학습이 512x512 또는 768x768 사이즈로 이루어진 경우가 많아 이 그림 크기의 사진의 보통 결과물이 좋은 경우가 많습니다. 학습이 이루어진 사진 크기로 출력하기 때문입니다.

이미지를 생성하였습니다.

다양한 미술 작품의 프롬프트로 그림을 생성하도록 챗GPT에게 질문을 합니다.

 stable diffusion은 인공지능으로 그림을 그릴 수 있어. 텍스트를 입력하면 텍스트를 기반으로 그림을 생성하지. 입력되는 텍스트를 프롬프트라고해. 프롬프트는 영어로 작성되어야해. 영어 프롬프트 옆에 한글로 설명해줘. 다양한 미술 작품을 프롬프트로 설명해서 10개를 생성해줘.

 안녕하세요! Stable diffusion을 이용해 텍스트를 기반으로 그림을 그리는 것은 매우 흥미로운 일이에요. 여러분이 입력하는 프롬프트에 따라 그림의 모양과 색깔, 내용 등이 달라질 수 있어요.

다양한 미술 작품 프롬프트를 10개 만들어드리겠습니다.

1. "A peaceful countryside scene with a winding river and a small cottage nestled among the trees." 한글: "나무들 사이에 자리잡은 작은 오두막과 굽이치는 강이 있는 평온한 시골 풍경."

2. "A majestic mountain range with snow-capped peaks rising high into the clouds." 한글: "하늘을 가리키는 눈이 쌓인 높은 산봉우리를 가진 웅장한 산맥."

3. "A colorful abstract painting with bold brushstrokes and dynamic shapes." 한글: "대담한 브러시 스트로크와 다이나믹한 형태가 있는 다채로운 추상화 그림."

4. "A serene beach scene with palm trees swaying in the breeze and gentle waves lapping at the shore." 한글: "바람에 흔들리는 야자수와 부드러운 파도가 밀물에 밀려 오는 고요한 해변 풍경."

5. "A city skyline at night with tall buildings and colorful lights shining brightly." 한글: "높은 건물들과 다채로운 불빛이 밝게 비치는 밤도시 전경."

6. "A surreal landscape with floating islands and bizarre creatures." 한글: "떠다니는 섬과 기묘한 생물들이 있는 초현실적인 풍경."

7. "A classic still life with a vase of flowers, a bowl of fruit, and a draped cloth." 한글: "꽃병, 과일 그릇, 걸친 천으로 이루어진 클래식한 정물화."

8. "A whimsical cartoon scene with exaggerated characters and vibrant colors." 한글: "과장된 캐릭터와 생동감 넘치는 색상이 있는 귀여운 만화 풍경."

9. "A haunting portrait with a shadowy figure and piercing eyes." 한글: "어둠에 가려진 인물과 예리한 눈이 무서운 초상화."

10. "A futuristic cityscape with sleek skyscrapers and hovering vehicles." 한글: "매끄러운 초고층 건물과 공중에 떠다니는 차량들이 있는 미래적인 도시 전경."

프롬프트	A peaceful countryside scene with a winding river and a small cottage nestled among the trees
결과 이미지	

프롬프트	A majestic mountain range with snow-capped peaks rising high into the clouds
결과 이미지	

프롬프트	A colorful abstract painting with bold brushstrokes and dynamic shapes
결과 이미지	

프롬프트	A serene beach scene with palm trees swaying in the breeze and gentle waves lapping at the shore
결과 이미지	

프롬프트	A city skyline at night with tall buildings and colorful lights shining brightly
결과 이미지	

프롬프트	A surreal landscape with floating islands and bizarre creatures
결과 이미지	

프롬프트젠(Promptgen)을 이용하여 프롬프트를 몇 개 가다듬어 출력된 사진입니다.

프롬프트	A peaceful countryside scene with a winding river and a small cottage nestled among the trees. The cottage appears to be alive, with a pond nearby. A large barn appears to be floating above. An ornate wood carved pillar in the middle of the barn appears to be floating above. Soft, detailed lighting, realistic, fantasy art, ambient lighting, art by Ilya Kuvshinov, artgerm

결과 이미지	
프롬프트	A majestic mountain range with snow-capped peaks rising high into the clouds in a stormy ocean, by Paul Lehr of the British Museum, cinematic, romantic, epic, 8K, octane render,
결과 이미지	

챗GPT로 기본 프롬프트를 작성한 다음 이미지를 생성해보았고. 확장기능인 프롬프트젠 (Promptgen)을 이용하여 프롬프트를 가다듬어서도 이미지를 생성해보았습니다. 다양한 방법을 통해 무궁무진한 이미지의 생성이 가능합니다.

아이디어와 기본 프롬프트를 챗GPT를 이용하고 가다듬는 과정은 확장기능을 이용하여 퀄리티 좋은 그림을 생성하였습니다.

03 광고 사진 그리기

신발을 판매하기 위해서 광고를 위한 아이디어 사진을 생성해봅니다.

사람의 다리나 팔 등이 잘 나오기 위해서는 [Realistic Vision] 모델을 사용합니다. 기본 stable diffusion 모델을 사용해도 무방하나 실제 사진과 같은 이미지를 출력하기 위해서는 기본모델 보다는 실사용 모델을 사용하는 게 출력결과가 조금 더 좋습니다.

Civitai(https://civitai.com/) 사이트는 AI로 생성한 그림과 자료들을 업로드하고 또 다운 받기도 하는 커뮤니티 사이트이다.

01 https://civitai.com/ 사이트에 접속하여 Realistic Vision 모델을 다운로드 받아 적용합니다. 모델의 설명 아래 VAE도 다운로드 받아 적용합니다.

※ 다운로드 받은 모델파일을 [C:₩stable-diffusion-webui₩models₩Stable-diffusion] 폴더로 이동합니다.

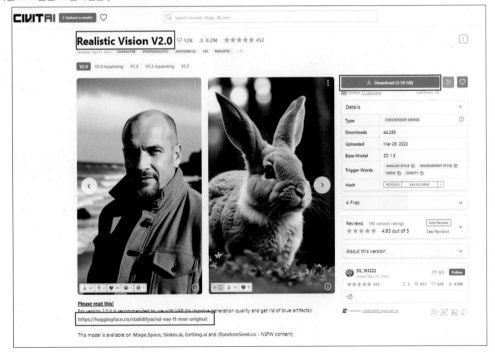

02 WebUI로 돌아와 모델과 VAE를 선택합니다.

03 Realistic Vision을 이용해서 출력한 사진을 클릭하면 이미지생성에 사용했던 프롬프트, 부정 프롬프트의 확인이 가능합니다.

04 챗GPT에게 질문을 통해 그림 생성을 위한 프롬프트를 답변 받도록 합니다. 프롬프트, 부정 프롬프트의 예를 들어, 작성하는 방법에 대해서 설명하고 마지막에 실제 그리고 싶은 신발에 관한 내용을 넣어 그림 생성을 위한 프롬프트에 대해서 답변을 받습니다. 4개정도 답변을 받았습니다. 답변의 내용이 길어 중간에 끊겼으나 아래의 예시에서는 이어 붙였습니다.

stable diffusion을 이용해서 인공지능 그림을 생성할거야. 텍스트를 기반으로 그림을 생성하는거야. 그림을 그릴 때 사용되는 텍스트를 프롬프트라고해. 그림에 출력되었으면 하는 프롬프트를 긍정 프롬프트, 그림에 표시되지 않았으면 하는 프롬프트를 부정 프롬프트라고해 아래와 같은 예를 들어 프롬프트를 작성해.

긍정 프롬프트:

```
b&w photo of 42 y.o man in black clothes, bald, face, half body, body, high
detailed skin, skin pores, coastline, overcast weather, wind, waves, 8k uhd, dslr,
soft lighting, high quality, film grain, Fujifilm XT3
```

부정 프롬프트:

```
(semi-realistic, cgi, 3d, render, sketch, cartoon, drawing, anime:1.4), text, close up,
cropped, out of frame, worst quality, low quality, jpeg artifacts, ugly, duplicate,
morbid, mutilated, extra fingers, mutated hands, poorly drawn hands, poorly drawn face,
mutation, deformed, blurry, dehydrated, bad anatomy, bad proportions, extra limbs,
cloned face, disfigured, gross proportions, malformed limbs, missing arms, missing
legs, extra arms, extra legs, fused fingers, too many fingers, long neck
```

우리의 신발은 디자인이 훌륭한 스니커즈 신발이야. 다양한 구도의 프롬프트를 4개정도 생성해줘. 프롬프트는 영어로 작성하고 한글로 설명해줘. 긍정 부정 프롬프트 모두 만들어줘

긍정 프롬프트:

1. Aerial shot of a stylish pair of sneakers on a vibrant and colorful background, mid-air jump shot, sharp and detailed edges, retro 90s vibe, neon lights, motion blur, high quality photography, glossy finish. (한글설명: 멋진 스니커즈를 다채로운 배경 위에 공중에 띄워 놓은 공중점프 샷, 선명하고 디테일한 엣지, 레트로한 90년대 분위기, 네온 조명, 모션 블러 효과, 고품질 사진, 광택 처리)

2. Close-up shot of a sleek and modern sneaker design, featuring intricate detailing and textured fabrics, minimalist color scheme, perfect for any occasion, versatile and stylish, high-end luxury brand, premium quality craftsmanship. (한글설명: 섬세한 디테일과 질감이 있는 원형적인 스니커즈 디자인, 미니멀한 컬러 스키마, 어떤 장소에서도 완벽하게 어울리는 스타일리시한 디자인, 고급 럭셔리 브랜드, 프리미엄 품질의 제작)

3. Urban street-style shot of a trendy and edgy sneaker design, featuring bold and bright colors, graffiti and street art influences, high-top silhouette, textured soles, perfect for skateboarding and streetwear fashion, youthful and energetic. (한글설명: 대담하고 밝은 색상, 그래피티와 스트리트 아트의 영향을 받은 트렌디하고 에지있는 스니커즈 디자인, 하이탑 실루엣, 질감감 있는 밑창, 스케이트보드 및 스트릿웨어 패션에 완벽하게 어울리며, 젊고 에너지가 넘치는 느낌)

4. Action-packed shot of a durable and rugged sneaker design, featuring sturdy construction and all-terrain capabilities, perfect for hiking and outdoor adventures, waterproof and breathable, shock-absorbent soles, maximum comfort and support. (한글설명: 견고한 구조와 올테레인 기능을 갖춘 내구성이 강한 스니커즈 디자인, 하이킹 및 야외 모험에 완벽하게 어울리며 방수 및 통기성이 좋음, 충격 흡수력이 뛰어난 밑창, 최대한의 편안함과 지지력)

1. Low-quality photo of a generic and unremarkable sneaker design, featuring bland and uninspired color scheme, poor lighting and composition, blurry and pixelated, low resolution and pixel density, mediocre and forgettable. (한글설명: 일반적이고 주목할만한 점이 없는 스니커즈 디자인의 저화질 사진, 따분하고 영감이 없는 컬러 스키마, 어두운 조명과 구도, 흐릿하고 화소화된, 낮은 해상도와 픽셀 밀도, 평범하고 잊을만한)

2. Cropped and poorly-framed shot of a worn-out and tattered sneaker design, featuring dirty and scuffed materials, faded and washed-out colors, bad odor and hygiene, unappealing and unsightly, not fit for any occasion or outfit. (한글설명: 닳아 해진 낡은 스니커즈 디자인의 잘못된 프레임과 크롭, 더러운 흠집 난 소재, 바래진 퇴색한 컬러, 나쁜 냄새와 위생 상태, 매력 없고 추잡한, 어떤 장소나 옷장에 어울리지 않음)

3. Mismatched and uncoordinated shot of a poorly-designed and ill-fitting sneaker design, featuring awkward and uncomfortable shape, bad proportions and sizing, cheap and flimsy materials, low-quality craftsmanship and construction, not suitable for any foot type or activity. (한글설명: 디자인이 잘못되고 핏이 안맞는 스니커즈 디자인의 조합이 어울리지 않는 샷, 어색하고 불편한 모양, 나쁜 비례와 사이즈, 저렴하고 부서지기 쉬운 소재, 낮은 품질의 제작과 구조, 어떤 발 형태나 활동에도 적합하지 않음)

4. Outdated and unfashionable shot of a passé and out-of-style sneaker design, featuring old-fashioned and boring color scheme, retro and outdated shape, not suitable for any current fashion trend or style, lacking in creativity and originality. (한글설명: 구시대적이고 유행에 뒤진 스니커즈 디자인의 구식이고 지루한 컬러 스키마, 레트로하고 구식한 모양, 현재의 패션 트렌드나 스타일에 적합하지 않음, 창의성과 독창성이 부족함)

이제 챗GPT가 만들어준 프롬프트, 부정 프롬프트를 이용하여 인공지능으로 그림을 생성해보도록 합니다.
입력 프롬프트(한글설명 부분은 입력하지 않았습니다.)

프롬프트	Aerial shot of a stylish pair of sneakers on a vibrant and colorful background, mid-air jump shot, sharp and detailed edges, retro 90s vibe, neon lights, motion blur, high quality photography, glossy finish. (한글설명: 멋진 스니커즈를 다채로운 배경 위에 공중에 띄워 놓은 공중점프 샷, 선명하고 디테일한 엣지, 레트로한 90년대 분위기, 네온 조명, 모션 블러 효과, 고품질 사진, 광택 처리)
부정 프롬프트	Low-quality photo of a generic and unremarkable sneaker design, featuring bland and uninspired color scheme, poor lighting and composition, blurry and pixelated, low resolution and pixel density, mediocre and forgettable. (한글설명: 일반적이고 주목할만한 점이 없는 스니커즈 디자인의 저화질 사진, 따분하고 영감이 없는 컬러 스키마, 어두운 조명과 구도, 흐릿하고 화소화된, 낮은 해상도와 픽셀 밀도, 평범하고 잊을만한)

결과 이미지	

입력 프롬프트(한글설명 부분은 입력하지 않았습니다.)

프롬프트	Close-up shot of a sleek and modern sneaker design, featuring intricate detailing and textured fabrics, minimalist color scheme, perfect for any occasion, versatile and stylish, high-end luxury brand, premium quality craftsmanship. (한글설명: 섬세한 디테일과 질감이 있는 원형적인 스니커즈 디자인, 미니멀한 컬러 스키마, 어떤 장소에서도 완벽하게 어울리는 스타일리시한 디자인, 고급 럭셔리 브랜드, 프리미엄 품질의 제작)
부정 프롬프트	Cropped and poorly-framed shot of a worn-out and tattered sneaker design, featuring dirty and scuffed materials, faded and washed-out colors, bad odor and hygiene, unappealing and unsightly, not fit for any occasion or outfit. (한글설명: 닳아 해진 낡은 스니커즈 디자인의 잘못된 프레임과 크롭, 더러운 흠집 난 소재, 바래진 퇴색한 컬러, 나쁜 냄새와 위생 상태, 매력 없고 추잡한, 어떤 장소나 옷장에 어울리지 않음)
결과 이미지	

입력 프롬프트(한글설명 부분은 입력하지 않았습니다.)

프롬프트	Urban street-style shot of a trendy and edgy sneaker design, featuring bold and bright colors, graffiti and street art influences, high-top silhouette, textured soles, perfect for skateboarding and streetwear fashion, youthful and energetic. (한글설명: 대담하고 밝은 색상, 그래피티와 스트리트 아트의 영향을 받은 트렌디하고 에지있는 스니커즈 디자인, 하이탑 실루엣, 질감감 있는 밑창, 스케이트보드 및 스트릿웨어 패션에 완벽하게 어울리며, 젊고 에너지가 넘치는 느낌)
부정 프롬프트	Mismatched and uncoordinated shot of a poorly-designed and ill-fitting sneaker design, featuring awkward and uncomfortable shape, bad proportions and sizing, cheap and flimsy materials, low-quality craftsmanship and construction, not suitable for any foot type or activity. (한글설명: 디자인이 잘못되고 핏이 안맞는 스니커즈 디자인의 조합이 어울리지 않는 샷, 어색하고 불편한 모양, 나쁜 비례와 사이즈, 저렴하고 부서지기 쉬운 소재, 낮은 품질의 제작과 구조, 어떤 발 형태나 활동에도 적합하지 않음)
결과 이미지	

입력 프롬프트(한글설명 부분은 입력하지 않았습니다.)

프롬프트	Action-packed shot of a durable and rugged sneaker design, featuring sturdy construction and all-terrain capabilities, perfect for hiking and outdoor adventures, waterproof and breathable, shock-absorbent soles, maximum comfort and support. (한글설명: 견고한 구조와 올테레인 기능을 갖춘 내구성이 강한 스니커즈 디자인, 하이킹 및 야외 모험에 완벽하게 어울리며 방수 및 통기성이 좋음, 충격 흡수력이 뛰어난 밑창, 최대한의 편안함과 지지력)
부정 프롬프트	Outdated and unfashionable shot of a passé and out-of-style sneaker design, featuring old-fashioned and boring color scheme, retro and outdated shape, not suitable for any current fashion trend or style, lacking in creativity and originality. (한글설명: 구시대적이고 유행에 뒤진 스니커즈 디자인의 구식이고 지루한 컬러 스키마, 레트로하고 구식한 모양, 현재의 패션 트렌드나 스타일에 적합하지 않음, 창의성과 독창성이 부족함)

결과 이미지

다양한 구도의 사진을 생성해봅니다. 위에서 이어서 질문을 하여 이미지 생성을 위한 상세한 설명을 하지 않았습니다. 반면에 그리고자 하는 이미지에 대한 설명을 추가하였습니다.

 신발광고를 위한 역동적인 장면을 담을 수 있도록 다양한 구도의 프롬프트를 작성해줘. 긍정 프롬프트, 부정 프롬프트 3개를 작성해줘

 긍정 프롬프트:

1. Slow-motion shot of a person running in the sneakers, with a dynamic and energetic background, featuring strong and powerful strides, breath-taking landscapes, and high-quality production value. (한글설명: 스니커즈를 신은 사람이 활기차고 에너지 넘치는 배경과 함께 달리는 슬로우 모션 샷, 힘찬 걸음걸이와 멋진 경치, 고품질 제작 가치)

2. High-angle shot of a group of friends playing basketball, with the sneakers being the center of attention, featuring fast-paced and action-packed gameplay, lively and diverse group of players, and a vibrant and colorful environment. (한글설명: 스니커즈가 주목의 중심이 되는 친구들이 농구를 하는 고각도 샷, 빠르고 역동적인 게임플레이, 생동감 넘치는 다양한 플레이어들, 생기 넘치는 다채로운 환경)

3. Close-up shot of a person skateboarding in the sneakers, with a stylish and urban environment, featuring impressive tricks and stunts, skilled and talented athlete, and a sleek and modern sneaker design. (한글설명: 스니커즈를 신은 사람이 스케이트보드를 타는 근접 샷, 세련되고 도시적인 환경, 인상적인 트릭과 스턴트, 기술과 재능이 뛰어난 선수, 선명하고 현대적인 스니커즈 디자인)

부정 프롬프트:

1. Blurry and out-of-focus shot of a person walking in the sneakers, with a dull and uninspired background, featuring shaky and unstable camera work, low-quality production value, and a lack of creativity and originality. (한글설명: 스니커즈를 신은 사람이 걷는 잘못 포커스된 흐릿한 샷, 따분하고 영감이 없는 배경, 흔들리고 불안정한 카메라워크, 낮은 제작 가치, 창의성과 독창성이 부족함)

2. Awkward and uncomfortable shot of a person trying to run in the sneakers, with a poorly-chosen environment, featuring ill-fitting and uncomfortable shoes, clumsy and uncoordinated movements, and a lack of skill and talent. (한글설명: 스니커즈를 신은 사람이 달리려고 시도하는 어색하고 불편한 샷, 선택된 환경이 잘못되, 핏이 맞지 않고 불편한 신발, 서툴고 조화되지 않은 움직임, 기술과 재능이 부족함)

3. Over-exposed and washed-out shot of a person playing soccer in the sneakers, with a distracting and unappealing background, featuring bad lighting and exposure, lack of contrast and detail, and a poorly-executed composition. (한글설명: 스니커즈를 신은 사람이 축구를 하는 너무 밝고 퇴색된 샷, 주의를 분산시키고 매력이 없는 배경, 나쁜 조명과 노출, 대비와 디테일 부족, 서툴게 구성된 촬영)

챗GPT가 생성한 프롬프트를 이용하여 그림을 생성해보도록 합니다.

입력 프롬프트(한글설명 부분은 입력하지 않았습니다.)

프롬프트	Slow-motion shot of a person running in the sneakers, with a dynamic and energetic background, featuring strong and powerful strides, breath-taking landscapes, and high-quality production value. (한글설명: 스니커즈를 신은 사람이 활기차고 에너지 넘치는 배경과 함께 달리는 슬로우 모션 샷, 힘찬 걸음걸이와 멋진 경치, 고품질 제작 가치)
부정 프롬프트	Blurry and out-of-focus shot of a person walking in the sneakers, with a dull and uninspired background, featuring shaky and unstable camera work, low-quality production value, and a lack of creativity and originality. (한글설명: 스니커즈를 신은 사람이 걷는 잘못 포커스된 흐릿한 샷, 따분하고 영감이 없는 배경, 흔들리고 불안정한 카메라워크, 낮은 제작 가치, 창의성과 독창성이 부족함)
결과 이미지	

입력 프롬프트(한글설명 부분은 입력하지 않았습니다.)

프롬프트	High-angle shot of a group of friends playing basketball, with the sneakers being the center of attention, featuring fast-paced and action-packed gameplay, lively and diverse group of players, and a vibrant and colorful environment. (한글설명: 스니커즈가 주목의 중심이 되는 친구들이 농구를 하는 고각도 샷, 빠르고 역동적인 게임플레이, 생동감 넘치는 다양한 플레이어들, 생기 넘치는 다채로운 환경)

부정 프롬프트	Awkward and uncomfortable shot of a person trying to run in the sneakers, with a poorly-chosen environment, featuring ill-fitting and uncomfortable shoes, clumsy and uncoordinated movements, and a lack of skill and talent. (한글설명: 스니커즈를 신은 사람이 달리려고 시도하는 어색하고 불편한 샷, 선택된 환경이 잘못된, 핏이 맞지 않고 불편한 신발, 서툴고 조화되지 않은 움직임, 기술과 재능이 부족함)
결과 이미지	

입력 프롬프트(한글설명 부분은 입력하지 않았습니다.)

프롬프트	Close-up shot of a person skateboarding in the sneakers, with a stylish and urban environment, featuring impressive tricks and stunts, skilled and talented athlete, and a sleek and modern sneaker design. (한글설명: 스니커즈를 신은 사람이 스케이트보드를 타는 근접 샷, 세련되고 도시적인 환경, 인상적인 트릭과 스턴트, 기술과 재능이 뛰어난 선수, 선명하고 현대적인 스니커즈 디자인)
부정 프롬프트	Over-exposed and washed-out shot of a person playing soccer in the sneakers, with a distracting and unappealing background, featuring bad lighting and exposure, lack of contrast and detail, and a poorly-executed composition. (한글설명: 스니커즈를 신은 사람이 축구를 하는 너무 밝고 퇴색된 샷, 주의를 분산시키고 매력이 없는 배경, 나쁜 조명과 노출, 대비와 디테일 부족, 서툴게 구성된 촬영)
결과 이미지	

04 음식 사진 그리기

음식 사진을 생성합니다. 인공지능으로도 다양한 음식 사진의 생성이 가능합니다.

01 Civitai 사이트에 접속합니다.

• https://civitai.com/

02 [FOOD] 탭으로 이동하여 아래 음식이 나온 사진을 선택합니다. 일반적인 모델을 사용해도 되나 civitai에서 주력으로 생성하고자 하는 이미지의 모델을 찾아 이미지를 생성하면 출력되는 이미지의 퀄리티가 좋습니다.

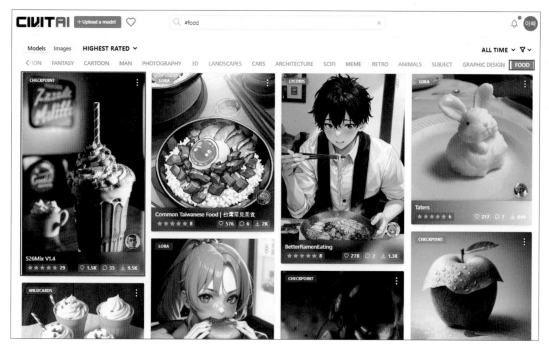

03 음식 사진 생성을 위한 적합한 모델인 526Mix를 다운로드 받습니다. 다른 모델들도 음식 사진의 출력이 가능합니다. 다만 음식이 더욱더 잘 출력되도록 음식 사진이 많이 학습된 모델을 사용하였습니다.

※ 모델을 적용하기위해서는 다운로드받은 파일을 [C:₩stable-diffusion-webui₩models₩Stable-diffusion] 폴더로 이동해야 합니다.

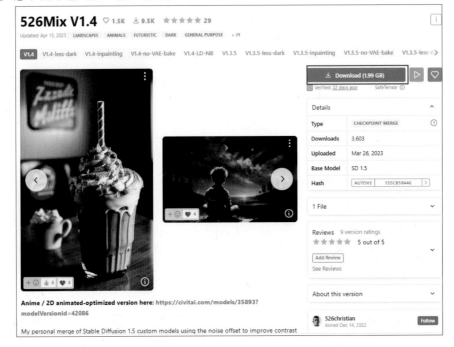

04 WebUI로 돌아와 모델을 방금 다운로드받은 526Mix 모델로 선택합니다.

05 이미지 생성에 사용한 프롬프트를 확인합니다.

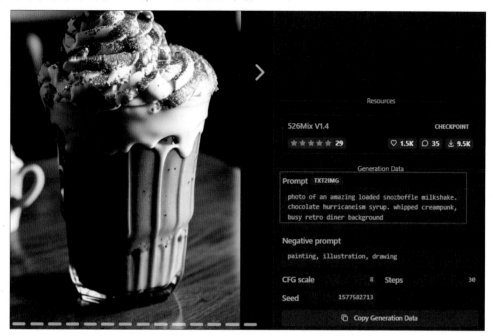

06 챗GPT에게 커피 프롬프트를 요청하였습니다. 위의 이미지에서 음식을 생성하기 위한 프롬프트를 제공하고 있습니다. 최대한 챗GPT에게 정보를 많이 주면 좋은 결과를 얻을 수 있기 때문에 생성에 사용했던 프롬프트를 같이 질문을 하여 더 좋은 응답을 얻을 수 있습니다. 제공할 수 있는 정보가 있다면 모두 제공하여 질문하는 것이 좋습니다.

 stable diffusion을 이용해서 인공지능 그림을 생성할거야. 텍스트를 기반으로 그림을 생성하는거야. 그림을 그릴 때 사용되는 텍스트를 프롬프트라고해. 아래와 같은 예를 들어 프롬프트를 작성해줘.

프롬프트:

```
photo of an amazing loaded snozboffle milkshake. chocolate hurricaneism syrup.
whipped creampunk, busy retro diner background
```

커피 표현하는. 다양한 구도의 프롬프트를 5개정도 생성해줘. 프롬프트는 영어로 작성하고 한글로 설명해줘.

 1. 프롬프트: A still life of a steaming cup of coffee with a frothy milk crown, set against a rustic wooden table and surrounded by freshly baked croissants and butter. 한글설명: 스팀이 피어오르는 우유 거품이 담긴 커피잔을 놓은 러스틱한 나무 테이블 위에 구성된 스틸라이프. 구운 크로와상과 버터가 주변에 있음.

2. 프롬프트: A close-up of a barista's skilled hand pouring freshly brewed espresso into a ceramic cup, as the aromatic steam rises up to the ceiling of the cozy coffee shop. 한글설명: 카페 내부의 아늑한 분위기에서, 바리스타의 솜씨있는 손이 세라믹 컵에 새로운 에스프레소를 따르는 장면을 근접 촬영. 향긋한 스팀이 천장으로 올라가고 있음.

3. 프롬프트: A bustling coffee cart on a busy city street, where a group of friends share a cup of drip coffee and lively conversation, against the backdrop of towering skyscrapers and colorful graffiti. 한글설명: 번화한 도시 거리에서 붐비는 커피 카트, 친구들이 드립 커피 한잔을 나누며 활기찬 대화를 나누는 장면. 거대한 초고층 빌딩과 다채로운 그래피티가 배경이 되어줌.

4. 프롬프트: An elegant café in Paris, where a chic couple sips on frothy cappuccinos and nibbles on delicate macarons, while admiring the iconic view of the Eiffel Tower from the charming outdoor seating area. 한글설명: 파리의 우아한 카페에서, 세련된 커플이 거품이 있는 카푸치노와 섬세한 마카롱을 즐기며 매력적인 야외 좌석에서 에펠탑을 감상하는 장면.

5. 프롬프트: A cozy winter scene, where a lone hiker warms up with a thermos of hot coffee on a snow-covered mountain top, as the sun sets over the breathtaking snowy landscape. 한글설명: 설경이 아름답게 펼쳐진 산 정상에서 혼자 하이킹을 즐기는 인물이, 일몰이 진행되는 동안 핫커피를 따듯하게 마시며 천명하는 아름다운 겨울 풍경.

챗GPT가 생성한 프롬프트를 이용하여 생성된 이미지입니다.

입력 프롬프트(한글설명 부분은 입력하지 않았습니다.)

프롬프트	A still life of a steaming cup of coffee with a frothy milk crown, set against a rustic wooden table and surrounded by freshly baked croissants and butter. (한글설명: 스팀이 피어오르는 우유 거품이 담긴 커피 잔을 놓은 러스틱한 나무 테이블 위에 구성된 스틸라이프. 구운 크로와상과 버터가 주변에 있음.)
부정 프롬프트	painting, illustration, drawing
결과 이미지	

입력 프롬프트(한글설명 부분은 입력하지 않았습니다.)

프롬프트	A close-up of a barista's skilled hand pouring freshly brewed espresso into a ceramic cup, as the aromatic steam rises up to the ceiling of the cozy coffee shop. (한글설명: 카페 내부의 아늑한 분위기에서, 바리스타의 솜씨있는 손이 세라믹 컵에 새로운 에스프레소를 따르는 장면을 근접 촬영. 향긋한 스팀이 천장으로 올라가고 있음.)
부정 프롬프트	painting, illustration, drawing
결과 이미지	

입력 프롬프트(한글설명 부분은 입력하지 않았습니다.)

프롬프트	A bustling coffee cart on a busy city street, where a group of friends share a cup of drip coffee and lively conversation, against the backdrop of towering skyscrapers and colorful graffiti. (한글설명: 번화한 도시 거리에서 붐비는 커피 카트, 친구들이 드립 커피 한잔을 나누며 활기찬 대화를 나누는 장면. 거대한 초고층 빌딩과 다채로운 그래피티가 배경이 되어줌.)
부정 프롬프트	painting, illustration, drawing
결과 이미지	

프롬프트	An elegant caf☐ in Paris, where a chic couple sips on frothy cappuccinos and nibbles on delicate macarons, while admiring the iconic view of the Eiffel Tower from the charming outdoor seating area. (한글설명: 파리의 우아한 카페에서, 세련된 커플이 거품이 있는 카푸치노와 섬세한 마카롱을 즐기며 매력적인 야외 좌석에서 에펠탑을 감상하는 장면.)
부정 프롬프트	painting, illustration, drawing
결과 이미지	

입력 프롬프트(한글설명 부분은 입력하지 않았습니다.)

프롬프트	A cozy winter scene, where a lone hiker warms up with a thermos of hot coffee on a snow-covered mountain top, as the sun sets over the breathtaking snowy landscape. (한글설명: 설경이 아름답게 펼쳐진 산 정상에서 혼자 하이킹을 즐기는 인물이, 일몰이 진행되는 동안 핫커피를 따뜻하게 마시며 천명하는 아름다운 겨울 풍경.)
부정 프롬프트	painting, illustration, drawing
결과 이미지	

챗GPT에게 질문하여 다양한 음식 사진을 생성해보시길 바랍니다.

05 제품디자인 이미지 생성하기

제품디자인을 위한 이미지를 생성합니다.

01 Civitai 사이트에 접속합니다.

· https://civitai.com/

02 Realistic Vision 모델을 다운로드 받아 적용합니다. 모델의 설명아래 VAE도 다운로드 받아 적용합니다. 일반적인 물건의 이미지생성은 stable diffusion 기본모델보다 Realistic Vision 모델의 이미지 생성 결과물이 좋습니다.

※ 다운로드받은 모델파일을 [C:\stable—diffusion—webui\models\Stable—diffusion] 폴더로 이동합니다.

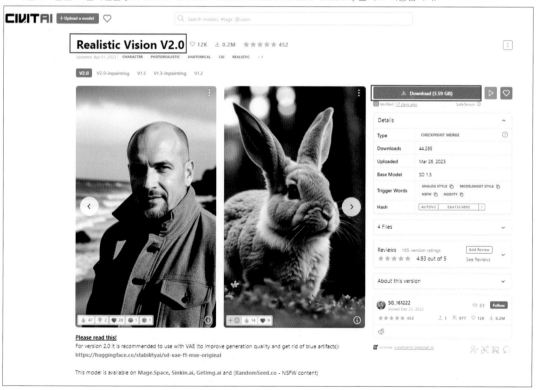

03 WebUI에서 Realistic Vision 모델로 선택합니다.

Stable Diffusion 체크포인트

| realisticVisionV20_v20.safetensors [e6415c4892] | ▾ | ⟲ |

| 텍스트→이미지 | 이미지→이미지 | 부가기능 | PNG 정보 | 체크포인트 병합 | 훈련 | Civitai Helper | Promptgen | 설정 |

확장기능

38/75

A classic and sophisticated tote bag featuring a simple and elegant design in neutral tones. The bag is made from high-quality leather and includes a spacious main compartment and several small pockets for organization.

생성

0/75

네거티브 프롬프트(Prompt) 입력(Ctrl+Enter나 Alt+Enter로 생성 시작)

스타일

× ▾

샘플링 방법   샘플링 스텝 수   20

Euler a

04 챗GPT에게 질문을 통해 그림 생성을 위한 프롬프트의 답변을 받았습니다.

stable diffusion을 이용해서 인공지능 그림을 생성할거야. 텍스트를 기반으로 그림을 생성하는 거야. 그림을 그릴 때 사용되는 텍스트를 프롬프트라고 해. 아래와 같은 예를 들어 프롬프트를 작성해줘.

프롬프트:

```
photo of an amazing loaded snozboffle milkshake. chocolate hurricaneism syrup.
whipped creampunk, busy retro diner background
```

컵의 이미지를 생성하는 프롬프트를 3개 작성해줘. 컵은 신비로운 디자인이었으면 좋겠어. 영어로 프롬프트를 작성하고 그 옆에 한글로 프롬프트의 설명을 써줘

프롬프트 1: An elegant and magical cup with swirling golden patterns and shimmering jewels, resting on a bed of delicate lace. The cup is filled with a decadent dark chocolate ganache and topped with a dollop of fluffy whipped cream.(한글설명 : 신비로운 디자인의 컵 위에는 황금빛 무늬와 반짝이는 보석이 섞여있으며, 얇은 레이스 위에 올려져 있습니다. 컵 안은 풍부한 다크 초콜릿 감아주에 물들여져 있으며, 부드러운 휘핑크림으로 마무리되어 있습니다.)

프롬프트 2: A futuristic cup with sleek metallic curves, set against a backdrop of glowing neon lights. Inside the cup is a swirling vortex of frothy milk and sweet honey, infused with a hint of exotic spices.(한글설명 : 미래적인 느낌의 금속 컵은 매끈한 곡선으로 디자인되어 있으며, 빛나는 네온 조명의 배경 앞에 위치합니다. 컵 안에서는 거품이 많은 우유와 달콤한 꿀이 섞여있으며, 이국적인 향신료의 향이 느껴집니다.)

프롬프트 3: A mystical and enchanting cup, decorated with intricate patterns of shimmering crystals and delicate flowers. The cup is filled with a rich and creamy vanilla milkshake, swirled with a generous drizzle of sticky caramel sauce.(한글설명 : 신비로운 느낌이 물씬 풍기는 컵은 반짝이는 크리스탈과 섬세한 꽃무늬로 장식되어 있습니다. 컵 안은 부드럽고 진한 바닐라 밀크쉐이크로 가득 채워져 있으며, 달콤하고 끈적한 카라멜 소스가 가득 들어있습니다.)

05 챗GPT가 생성한 프롬프트를 이용하여 컵의 이미지를 생성하였습니다.

입력 프롬프트(한글설명 부분은 입력하지 않았습니다.)

프롬프트	An elegant and magical cup with swirling golden patterns and shimmering jewels, resting on a bed of delicate lace. The cup is filled with a decadent dark chocolate ganache and topped with a dollop of fluffy whipped cream.(한글설명 : 신비로운 디자인의 컵 위에는 황금빛 무늬와 반짝이는 보석이 섞여있으며, 얇은 레이스 위에 올려져 있습니다. 컵 안은 풍부한 다크 초콜릿 감아주에 물들여져 있으며, 부드러운 휘핑크림으로 마무리되어 있습니다.)
결과 이미지	
프롬프트	A futuristic cup with sleek metallic curves, set against a backdrop of glowing neon lights. Inside the cup is a swirling vortex of frothy milk and sweet honey, infused with a hint of exotic spices.(한글설명 : 미래적인 느낌의 금속 컵은 매끈한 곡선으로 디자인되어 있으며, 빛나는 네온 조명의 배경 앞에 위치합니다. 컵 안에서는 거품이 많은 우유와 달콤한 꿀이 섞여있으며, 이국적인 향신료의 향이 느껴집니다.)
결과 이미지	

입력 프롬프트(한글설명 부분은 입력하지 않았습니다.)

프롬프트	A mystical and enchanting cup, decorated with intricate patterns of shimmering crystals and delicate flowers. The cup is filled with a rich and creamy vanilla milkshake, swirled with a generous drizzle of sticky caramel sauce.(한글설명 : 신비로운 느낌이 물씬 풍기는 컵은 반짝이는 크리스탈과 섬세한 꽃무늬로 장식되어 있습니다. 컵 안은 부드럽고 진한 바닐라 밀크쉐이크로 가득 채워져 있으며, 달콤하고 끈적한 카라멜 소스가 가득 들어있습니다.)
결과 이미지	

스마트폰케이스를 만들기 위해 프롬프트를 요청하였습니다. 위에서 자세하게 설명하였기 때문에 위와 같은 조건으로 생성해달라고 간단하게 요청하였습니다.

 스마트폰의 케이스를 디자인 하고 싶어. 다양한 아이디어로 스마트폰의 케이스 프롬프트를 생성해줘. 위와 같은 조건으로

 프롬프트 1: A sleek and modern phone case with a minimalist design, featuring a solid black base with a subtle geometric pattern. The case has a slim profile and provides maximum protection for your phone.(한글설명 : 미니멀한 디자인의 검은색 기반에 섬세한 기하학 패턴이 새겨진 현대적인 스마트폰 케이스입니다. 슬림한 프로필로 제작되어 있으며, 최대한의 보호 기능을 제공합니다.)

프롬프트 2: A whimsical and playful phone case with a vibrant floral print, featuring a mix of bold and delicate flowers in shades of pink, purple, and yellow. The case has a clear base and is perfect for adding a pop of color to your phone.(한글설명 : 선명한 꽃무늬의 귀여운 스마트폰 케이스입니다. 풍성한 분홍색, 보라색, 노란색의 선명한 꽃과 섬세한 꽃들이 믹스되어 있으며, 투명한 기반으로 제작되어 스마트폰에 생동감을 더해줍니다.)

프롬프트 3: An edgy and sophisticated phone case with a metallic finish, featuring a futuristic design with sharp angles and geometric shapes. The case has a slim fit and provides all-around protection for your phone.(한글설명 : 미래적인 느낌의 스타일리쉬한 스마트폰 케이스입니다. 날카로운 각도와 기하학적인 형태로 디자인되어 있으며, 메탈릭한 마감감이 돋보입니다. 슬림한 프로필로 제작되어 있으며, 스마트폰 전체를 보호합니다.)

챗GPT로부터 응답받은 프롬프트를 이용하여 스마트폰케이스의 제품디자인 그림을 생성하였습니다.

입력 프롬프트(한글설명 부분은 입력하지 않았습니다.)

프롬프트	A sleek and modern phone case with a minimalist design, featuring a solid black base with a subtle geometric pattern. The case has a slim profile and provides maximum protection for your phone.(한글설명 : 미니멀한 디자인의 검은색 기반에 섬세한 기하학 패턴이 새겨진 현대적인 스마트폰 케이스입니다. 슬림한 프로필로 제작되어 있으며, 최대한의 보호 기능을 제공합니다.)
결과 이미지	

입력 프롬프트(한글설명 부분은 입력하지 않았습니다.)

프롬프트	A whimsical and playful phone case with a vibrant floral print, featuring a mix of bold and delicate flowers in shades of pink, purple, and yellow. The case has a clear base and is perfect for adding a pop of color to your phone.(한글설명 : 선명한 꽃무늬의 귀여운 스마트폰 케이스입니다. 풍성한 분홍색, 보라색, 노란색의 선명한 꽃과 섬세한 꽃들이 믹스되어 있으며, 투명한 기반으로 제작되어 스마트폰에 생동감을 더해줍니다.)
결과 이미지	

입력 프롬프트(한글설명 부분은 입력하지 않았습니다.)

프롬프트	An edgy and sophisticated phone case with a metallic finish, featuring a futuristic design with sharp angles and geometric shapes. The case has a slim fit and provides all-around protection for your phone.(한글설명 : 미래적인 느낌의 스타일리쉬한 스마트폰 케이스입니다. 날카로운 각도와 기하학적인 형태로 디자인되어 있으며, 메탈릭한 마감감이 돋보입니다. 슬림한 프로필로 제작되어 있으며, 스마트폰 전체를 보호합니다.)
결과 이미지	

에코백 제품디자인을 위한 이미지 프롬프트를 요청하였습니다.

 에코백을 디자인하고싶어. 위와 같은 조건으로 프롬프트를 생성해줘

 프롬프트 1: A nature-inspired tote bag featuring a print of lush green foliage and delicate flowers. The design includes a mix of botanical elements in shades of green, blue, and yellow, and the bag is made from eco-friendly materials.(한글설명 : 자연을 닮은 디자인의 토트백입니다. 푸르름과 녹색의 다양한 식물과 꽃들로 구성된 프린트로, 톤다운 된 녹색, 파란색, 노란색의 컬러가 더해져있습니다. 환경 친화적인 재료로 제작되어 있습니다.)

프롬프트 2: A playful and vibrant tote bag featuring a graphic print of colorful abstract shapes and patterns. The design includes a mix of bold colors in shades of pink, purple, and blue, and the bag is made from durable and washable materials.(한글설명 : 화려하고 다채로운 그래픽 프린트가 인상적인 토트백입니다. 핑크색, 보라색, 파란색 등의 선명한 컬러로 이루어진 컬러풀한 패턴과 형태로 디자인되어 있으며, 내구성이 높고 세탁 가능한 재료로 제작되어 있습니다.)

프롬프트 3: A classic and sophisticated tote bag featuring a simple and elegant design in neutral tones. The bag is made from high-quality leather and includes a spacious main compartment and several small pockets for organization.(한글설명 : 고전적이면서도 세련된 느낌의 토트백입니다. 중립적인 톤으로 구성된 심플하고 우아한 디자인으로, 고품질의 가죽으로 제작되어 있습니다. 넓은 메인 수납 공간과 여러 개의 소형 포켓이 있어 조직에 용이합니다.)

위와 같은 조건챗GPT로부터 응답받은 프롬프트를 이용하여 에코팩의 제품디자인 그림을 생성하였습니다.

입력 프롬프트(한글설명 부분은 입력하지 않았습니다.)

프롬프트	A nature-inspired tote bag featuring a print of lush green foliage and delicate flowers. The design includes a mix of botanical elements in shades of green, blue, and yellow, and the bag is made from eco-friendly materials.(한글설명 : 자연을 닮은 디자인의 토트백입니다. 푸르름과 녹색의 다양한 식물과 꽃들로 구성된 프린트로, 톤다운 된 녹색, 파란색, 노란색의 컬러가 더해져있습니다. 환경 친화적인 재료로 제작되어 있습니다.)
결과 이미지	

입력 프롬프트(한글설명 부분은 입력하지 않았습니다.)

프롬프트	A playful and vibrant tote bag featuring a graphic print of colorful abstract shapes and patterns. The design includes a mix of bold colors in shades of pink, purple, and blue, and the bag is made from durable and washable materials.(한글설명 : 화려하고 다채로운 그래픽 프린트가 인상적인 토트백입니다. 핑크색, 보라색, 파란색 등의 선명한 컬러로 이루어진 컬러풀한 패턴과 형태로 디자인되어 있으며, 내구성이 높고 세탁 가능한 재료로 제작되어 있습니다.)
결과 이미지	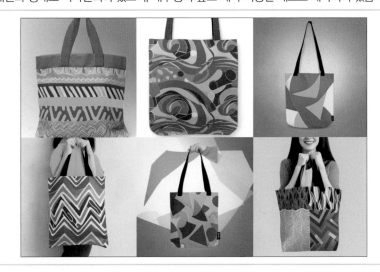

벽시계의 제품디자인을 요청하여 프롬프트를 응답받았습니다.

 벽시계를 디자인하고 싶어. 원형으로된 모양이고. 위와 같은 조건으로 프롬프트를 생성해줘

 프롬프트 1: A프롬프트 1: A minimalist wall clock with a sleek and modern design, featuring a simple black and white color scheme and no visible numbers. The clock face is made from high-quality acrylic and includes black metal hands for a sharp contrast.(한글설명 : 미니멀한 느낌의 원형 벽시계입니다. 심플한 흑백 색상으로 디자인되어 있으며, 숫자가 없는 깔끔한 디자인입니다. 고품질 아크릴로 만들어진 시계면에는 검은색 금속 시계바늘이 포인트가 됩니다.)

프롬프트 2: A vintage-inspired wall clock with a rustic and antique look, featuring a distressed wood frame and bold black Roman numerals. The clock face is made from aged metal and includes black metal hands for a classic finish.(한글설명 : 빈티지한 느낌의 벽시계입니다. 오래된 나무 재질의 프레임과 굵은 검은색 로마 숫자로 디자인되어 있으며, 오래된 금속으로 만들어진 시계면과 검은색 금속 시계바늘이 매력적인 분위기를 자아냅니다.)

프롬프트 3: A playful and colorful wall clock with a whimsical design, featuring a mix of bright geometric shapes and bold color blocks. The clock face is made from high-quality glass and includes colorful metal hands for a fun finish.(한글설명 : 유쾌하고 다채로운 원형 벽시계입니다. 선명한 기하학적인 도형과 굵은 색상 블록으로 디자인되어 있으며, 고품질 유리로 만들어진 시계면과 다채로운 금속 시계바늘이 더욱 특별한 분위기를 자아냅니다.)

챗GPT로부터 응답받은 프롬프트를 이용하여 벽시계의 제품디자인 그림을 생성하였습니다.

입력 프롬프트(한글설명 부분은 입력하지 않았습니다.)

프롬프트	A minimalist wall clock with a sleek and modern design, featuring a simple black and white color scheme and no visible numbers. The clock face is made from high-quality acrylic and includes black metal hands for a sharp contrast.(한글설명 : 미니멀한 느낌의 원형 벽시계입니다. 심플한 흑백 색상으로 디자인되어 있으며, 숫자가 없는 깔끔한 디자인입니다. 고품질 아크릴로 만들어진 시계면에는 검은색 금속 시계바늘이 포인트가 됩니다.)
결과 이미지	

입력 프롬프트(한글설명 부분은 입력하지 않았습니다.)

프롬프트	A vintage-inspired wall clock with a rustic and antique look, featuring a distressed wood frame and bold black Roman numerals. The clock face is made from aged metal and includes black metal hands for a classic finish.(한글설명 : 빈티지한 느낌의 벽시계입니다. 오래된 나무 재질의 프레임과 굵은 검은색 로마 숫자로 디자인되어 있으며, 오래된 금속으로 만들어진 시계면과 검은색 금속 시계바늘이 매력적인 분위기를 자아냅니다.)
결과 이미지	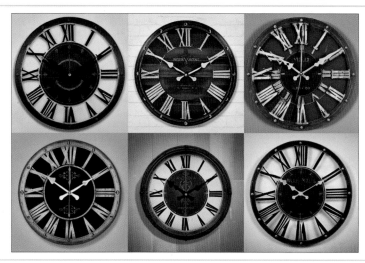

입력 프롬프트(한글설명 부분은 입력하지 않았습니다.)

프롬프트	A playful and colorful wall clock with a whimsical design, featuring a mix of bright geometric shapes and bold color blocks. The clock face is made from high-quality glass and includes colorful metal hands for a fun finish.(한글설명 : 유쾌하고 다채로운 원형 벽시계입니다. 선명한 기하학적인 도형과 굵은 색상 블록으로 디자인되어 있으며, 고품질 유리로 만들어진 시계면과 다채로운 금속 시계바늘이 더욱 특별한 분위기를 자아냅니다.)
결과 이미지	

다양한 제품의 디자인을 챗GPT를 이용하여 손쉽게 완성하였습니다.

06 게임 이미지 생성하기

게임관련 아이템 및 몬스터 이미지를 생성합니다.

01 Civitai 사이트에 접속합니다.

- https://civitai.com/

02 [Handpainted RPG Icons]를 검색 후 모델을 다운로드 받습니다. 모델의 Trigger Words는 [rpgicondiff]로 프롬프트에 필수로 입력해야합니다.

※ 다운로드받은 모델파일을 [C:₩stable-diffusion-webui₩models₩Stable-diffusion] 폴더로 이동합니다.

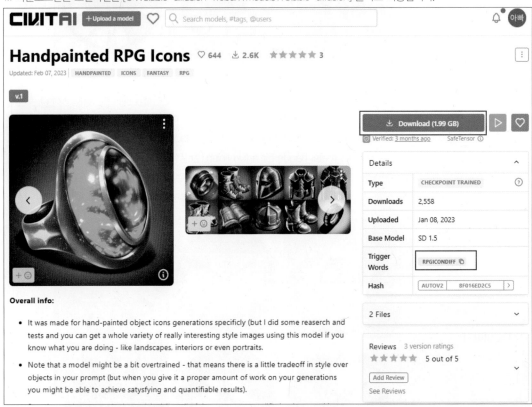

03 Handpainted 모델을 선택 후 프롬프트에 rpgicondiff를 필수로 입력합니다. [rpgicondiff:2.5] 등으로 비율을 조절 할 수 있습니다.

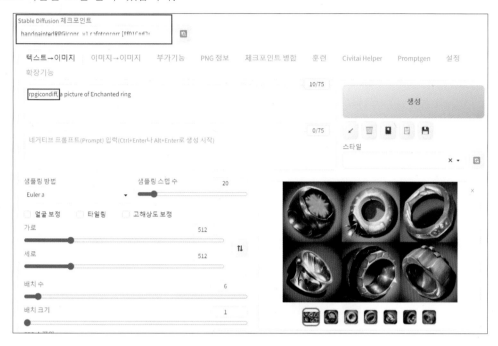

04 챗GPT에게 게임아이템을 생성하기 위해서 챗GPT에게 게임에 필요한 아이템의 종류에 대해서 질문하였습니다.

 픽셀디자인으로 2D게임을 만들거야. RPG게임이고 보통 RPG게임에 필요한 아이템들을 나열해줘

 RPG 게임에서 사용되는 아이템들은 매우 다양합니다. 아래는 일반적으로 RPG 게임에서 사용되는 몇 가지 아이템입니다.

1. 무기: 캐릭터가 사용할 수 있는 다양한 종류의 무기, 예를 들어 검, 도끼, 창, 활 등이 있습니다.

2. 방어구: 캐릭터가 입을 수 있는 다양한 종류의 방어구, 예를 들어 갑옷, 투구, 방패 등이 있습니다.

3. 소모품: 잠시동안 유용한 효과를 발휘하는 아이템, 예를 들어 포션, 엘릭서, 향상제 등이 있습니다.

4. 퀘스트 아이템: 퀘스트를 수행하기 위해 필요한 아이템, 예를 들어 열쇠, 문서, 책 등이 있습니다.

5. 보물: 맵 안에서 찾을 수 있는 유용한 아이템, 예를 들어 황금, 보석, 마법서 등이 있습니다.

6. 도구: 캐릭터가 사용할 수 있는 다양한 종류의 도구, 예를 들어 낚시대, 도끼, 삽 등이 있습니다.

7. 패션 아이템: 캐릭터의 외모를 변화시키는 아이템, 예를 들어 옷, 모자, 안경 등이 있습니다.

8. 장신구: 캐릭터에게 추가적인 능력치를 부여하는 아이템, 예를 들어 반지, 목걸이, 귀걸이 등이 있습니다.

이 외에도 많은 종류의 아이템들이 있지만, 위의 아이템들은 일반적으로 RPG 게임에서 사용되는 대표적인 아이템입니다. 게임 디자인에 따라 필요한 아이템이 다를 수 있으므로 이를 참고하여 필요한 아이템을 추가하거나 변경할 수 있습니다.

05 챗GPT가 답변한 여러 게임아이템 중 검의 이미지를 생성하기위해 이미지생성에 필요한 내용을 설명 후 검을 그리기 위한 프롬프트를 작성해달라고 요청하였습니다.

 stable diffusion을 이용해서 인공지능 그림을 생성할거야. 텍스트를 기반으로 그림을 생성하는거야. 그림을 그릴 때 사용되는 텍스트를 프롬프트라고해. 아래와 같은 예를 들어 프롬프트를 작성해줘. 프롬프트예시: rpgicondiff, a picture of Enchanted ring 다음의 예시를 참고해서 다양한 검을 묘사하는 프롬프트를 작성해줘. 5개정도.

 Sure, 다음은 검을 묘사하는 다양한 프롬프트 예시입니다.

1. rpgicondiff, a picture of a shining silver longsword
2. rpgicondiff, a picture of a dark iron short sword with a jagged edge
3. rpgicondiff, a picture of a gleaming golden broadsword with a ruby—encrusted hilt
4. rpgicondiff, a picture of a finely crafted steel rapier with an intricately decorated handle
5. rpgicondiff, a picture of a black obsidian greatsword with glowing red runes etched into the blade

답변 받은 검 프롬프트를 이용하여 검 이미지를 생성합니다.

프롬프트	rpgicondiff, a picture of a shining silver longsword
결과 이미지	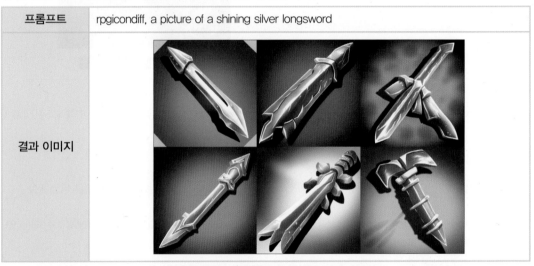

프롬프트	rpgicondiff, a picture of a dark iron short sword with a jagged edge
결과 이미지	

이번에는 게임아이템 중 방어구를 생성할 프롬프트의 생성을 요청하였습니다. 위에서 전후 내용을 설명했기 때문에 간단하게 요청하였습니다.

다양한 빙이구를 묘사하는 프롬프트도 5개징노 식성해줘

Sure, 다음은 방어구를 묘사하는 다양한 프롬프트 예시입니다.

1. rpgicondiff, a picture of a sturdy leather chestpiece with metal studs
2. rpgicondiff, a picture of a shimmering chainmail hauberk with an intricate weave
3. rpgicondiff, a picture of a heavy plate armor suit with gold trim and engravings
4. rpgicondiff, a picture of a magical silk robe with glowing runes
5. rpgicondiff, a picture of a lightweight elven cloak with a hood and leaf patterns embroidered on it

방어구 이미지 생성을 위한 프롬프트로 방어구를 만들어보았습니다.

프롬프트	rpgicondiff, a picture of a sturdy leather chestpiece with metal studsge
결과 이미지	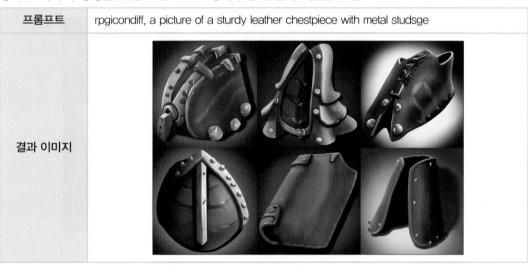

프롬프트	rpgicondiff, a picture of a shimmering chainmail hauberk with an intricate weave
결과 이미지	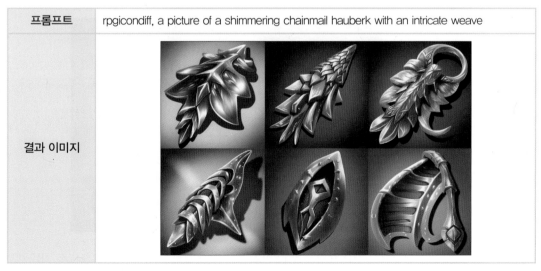

이번에는 몬스터를 생성하기 위한 프롬프트를 요청하였습니다.

Sure, 다음은 몬스터를 묘사하는 다양한 프롬프트 예시입니다.

1. rpgicondiff, a picture of a snarling werewolf with sharp claws and fur as black as night
2. rpgicondiff, a picture of a towering stone golem with glowing eyes and powerful arms
3. rpgicondiff, a picture of a slimy green ooze monster with acidic drool and the ability to split into smaller versions of itself
4. rpgicondiff, a picture of a fire—breathing dragon with shimmering scales and deadly talons
5. rpgicondiff, a picture of a hulking cyclops with a single glowing eye and a massive club made of bone and stone

몬스터생성을 위한 프롬프트를 입력하여 몬스터 이미지를 생성하였습니다.

프롬프트	rpgicondiff, a picture of a snarling werewolf with sharp claws and fur as black as night
결과 이미지	

프롬프트	rpgicondiff, a picture of a towering stone golem with glowing eyes and powerful arms
결과 이미지	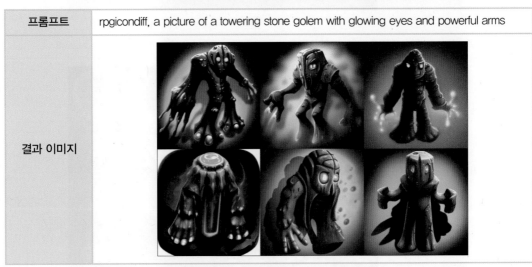

게임에 필요한 요소를 질문하고 요소생성을 위한 프롬프트를 생성하여 생성된 프롬프트를 기반으로 이미지를 생성하였습니다. 질문을 통해 완성하였습니다.

07 PPT에 활용할 이미지 생성하기

프리젠테이션에 활용한 아미지를 생성합니다

01 Civitai 사이트에 접속합니다.

• https://civitai.com/

02 Civitai 사이트에서 가장 인기있는 (2023.04월 기준) 모델인 Deliberate 모델을 다운로드 받아 적용합니다.

※ 다운로드 받은 모델파일을 [C:₩stable-diffusion-webui₩models₩Stable-diffusion] 폴더로 이동합니다.

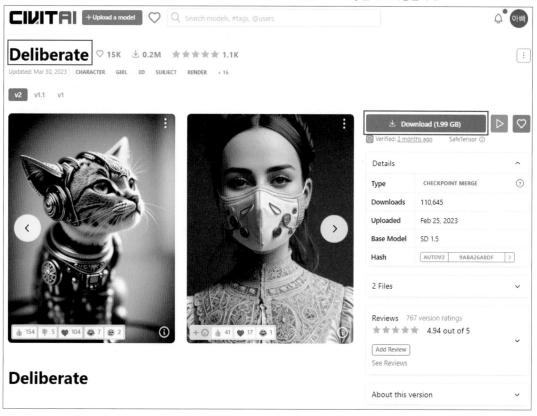

03 WebUI로 돌아와 Deliberate 모델을 선택합니다.

04 인공지능에 대해서 발표를 한다고 생각하고 챗GPT에게 인공지능에 관련된 이미지를 물어보았습니다. 어떤 이미지가 인공지능을 보여주는 이미지로 좋을지 챗GPT가 답변을 하였습니다.

 인공지능을 표시하는 이미지의 종류들을 알려줘

 인공지능을 표현하는 이미지의 종류는 다양합니다. 여기에는 일반적으로 사용되는 몇 가지 유형이 포함됩니다.

1. 로봇: 로봇은 인공지능의 대표적인 시각적 상징입니다. 로봇 이미지는 종종 사람과 비슷한 형상을 가지며, 특히 로봇 팔이나 다리가 있는 경우가 많습니다.

2. 인공신경망: 인공신경망은 인공지능의 핵심 기술 중 하나입니다. 인공신경망 이미지는 종종 다층 신경망의 구조를 보여주는 노드와 선으로 이루어진 것으로 나타납니다.

3. 데이터: 인공지능은 데이터를 기반으로 작동하기 때문에, 데이터 이미지가 종종 인공지능을 나타내는 데 사용됩니다. 데이터 이미지는 종종 숫자, 문자, 그래프 등을 포함합니다.

4. 인공지능 시스템 인터페이스: 사용자와 인공지능 시스템 사이의 상호작용을 나타내는 이미지도 인공지능을 나타내는 데 사용됩니다. 이러한 이미지는 종종 스크린샷 또는 애플리케이션 인터페이스의 디자인으로 구성됩니다.

5. 인공지능 애플리케이션: 인공지능 기술은 다양한 분야에서 적용될 수 있으며, 인공지능 애플리케이션 이미지는 이러한 분야 중 하나를 나타내는 것입니다. 예를 들어, 인공지능 음성비서, 자율주행차, 스마트홈 등이 있습니다.

6. 인공지능 아이콘: 인공지능을 표시하는 대표적인 아이콘으로는 로봇 머리부분과 눈, 회로, 인공신경망을 형상화한 디자인 등이 있습니다.

이 외에도 인공지능을 나타내는 다양한 이미지들이 있습니다.

05 챗GPT가 알려준 인공지능의 이미지로 그림 생성을 위한 프롬프트를 요청하였습니다.

 stable diffusion을 이용해서 인공지능 그림을 생성할거야. 텍스트를 기반으로 그림을 생성하는거야. 그림을 그릴 때 사용되는 텍스트를 프롬프트라고해. 아래와 같은 예를 들어 프롬프트를 작성해줘.

프롬프트: photo of an amazing loaded snozboffle milkshake. chocolate hurricaneism syrup. whipped creampunk, busy retro diner background

인공지능을 설명할 때 사용될 로봇 이미지를 생성할 프롬프트를 작성해줘. 3개정도. 프롬프트는 영어로 작성해야 하고, 그 옆에 한글로 설명을 작성해줘

 1. Prompt: A futuristic robot standing tall and proud, with bright lights emanating from its joints and a sleek metallic finish. It exudes power and intelligence, ready to take on any challenge that comes its way. (미래적인 로봇이 빛나는 조인트와 매끄러운 금속 마감으로 자랑스럽게 서 있습니다. 강력함과 지능을 내비치며, 어떤 도전이든 받아들일 준비가 되어 있습니다.)

2. Prompt: A friendly and approachable robot assistant, designed to help humans with their daily tasks. It has a round, smiling face and is always ready to lend a helping hand. (친근하고 다가갈 수 있는 로봇 조수입니다. 인간들이 일상적인 일을 처리하는데 도움을 주도록 디자인되었습니다. 둥근 웃는 얼굴을 가지고 있으며, 언제든지 도움의 손길을 내밀 준비가 되어 있습니다.)

3. Prompt: A sleek and agile robot designed for exploration and discovery, with a long, slender body and powerful, flexible limbs. It moves with grace and precision, navigating even the most treacherous terrain with ease.(탐구와 발견을 위해 설계된 매끄럽고 민첩한 로봇입니다. 길고 날씬한 몸과 강력하고 유연한 팔다리를 가지고 있습니다. 우아하고 정확하게 움직이며, 가장 위험한 지형도 쉽게 이동합니다.)

프롬프트	A futuristic robot standing tall and proud, with bright lights emanating from its joints and a sleek metallic finish. It exudes power and intelligence, ready to take on any challenge that comes its way
결과 이미지	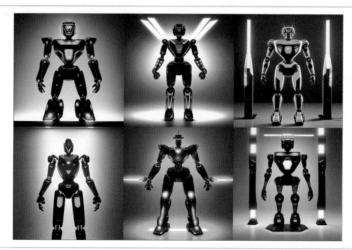

프롬프트	A futuristic robot standing tall and proud, with bright lights emanating from its joints and a sleek metallic finish. It exudes power and intelligence, ready to take on any challenge that comes its way
결과 이미지	

프롬프트	A futuristic robot standing tall and proud, with bright lights emanating from its joints and a sleek metallic finish. It exudes power and intelligence, ready to take on any challenge that comes its way
결과 이미지	

06 인공신경망에 관련된 이미지의 프롬프트를 요청하였습니다.

 인공지능을 설명할 때 사용될 인공신경망 이미지를 생성할 프롬프트를 작성해줘. 3개정도. 프롬프트는 영어로 작성되야하고, 그옆에 한글로 설명을 작성해줘

 1. Prompt: A multi-layered artificial neural network, consisting of interconnected nodes and lines that represent the flow of information. It is complex yet elegant, with the ability to learn and adapt to new situations.(상호 연결된 노드와 선으로 구성된 다층 인공 신경망입니다. 정보의 흐름을 나타내며 복잡하지만 우아합니다. 새로운 상황에 대해 학습하고 적응할 수 있는 능력이 있습니다.)

2. Prompt: A deep convolutional neural network, designed for image recognition and processing. It is composed of many layers, each with its own set of filters that extract different features from the input image.(이미지 인식 및 처리를 위해 디자인된 깊은 합성곱 신경망입니다. 많은 레이어로 구성되어 있으며 각 레이어는 입력 이미지에서 다른 특징을 추출하는 필터 세트를 가지고 있습니다.)

3. Prompt: A recurrent neural network, with loops that allow it to use previous outputs as inputs for the next step. It is capable of processing sequential data, making it well-suited for natural language processing and speech recognition.(루프를 가진 순환 신경망입니다. 이전 출력을 다음 단계의 입력으로 사용할 수 있어 시퀀셜 데이터를 처리하는 데 적합합니다. 자연어 처리와 음성 인식에 적합합니다.)

프롬프트	A multi-layered artificial neural network, consisting of interconnected nodes and lines that represent the flow of information. It is complex yet elegant, with the ability to learn and adapt to new situations
결과 이미지	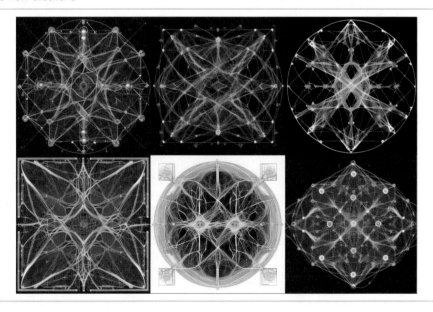

07 인공지능 아이콘에 관련된 프롬프트를 요청하였습니다.

 stable diffusion을 이용해서 인공지능 그림을 생성할거야. 텍스트를 기반으로 그림을 생성하는거야. 그림을 그릴 때 사용되는 텍스트를 프롬프트라고해. 아래와 같은 예를 들어 프롬프트를 작성해줘. 프롬프트: photo of an amazing loaded snozboffle milkshake. chocolate hurricaneism syrup. whipped creampunk, busy retro diner background 인공지능아이콘 이미지를 생성을 위한 프롬프트를 작성해줘. 3개정도. 프롬프트는 영어로 작성되야하고. 그옆에 한글로 설명을 작성해줘

 1. Prompt: An artificial intelligence icon featuring a stylized brain with electrical impulses firing across its surface. It conveys the idea of intelligence, learning, and the processing of information.(전기 신호가 뇌 표면을 가로질러 나가는 스타일라이즈 된 뇌를 갖춘 인공지능 아이콘입니다. 지능, 학습 및 정보 처리를 나타냅니다.)

2. Prompt: An AI icon consisting of a circuit board with lines and nodes representing the flow of information. The circuit board is stylized to create the impression of technology and advanced computing.(정보의 흐름을 나타내는 선과 노드로 구성된 회로 기판으로 표현된 인공지능 아이콘입니다. 회로 기판은 기술과 고급 컴퓨팅의 느낌을 줄 수 있도록 스타일라이즈 되었습니다.)

3. Prompt: An AI icon featuring a humanoid robot with a glowing "brain" in its chest. The robot is depicted in a simple, stylized form, but the glowing "brain" emphasizes its connection to advanced technology and intelligence.(흉부에 빛나는 "뇌"가 있는 인간형 로봇으로 구성된 인공지능 아이콘입니다. 로봇은 단순하고 스타일라이즈 된 형태로 그려졌지만, 빛나는 "뇌"는 고급 기술과 지능과의 관련성을 강조합니다.)

프롬프트	An artificial intelligence icon featuring a stylized brain with electrical impulses firing across its surface. It conveys the idea of intelligence, learning, and the processing of information
결과 이미지	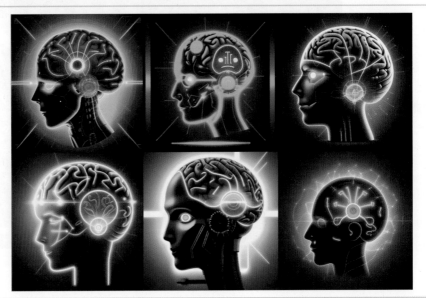

프롬프트	An AI icon featuring a humanoid robot with a glowing "brain" in its chest. The robot is depicted in a simple, stylized form, but the glowing "brain" emphasizes its connection to advanced technology and intelligence
결과 이미지	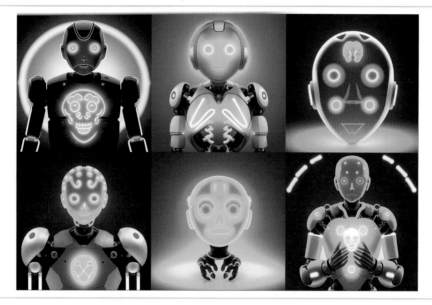

08 프리젠테이션으로 발표할 때 많이 사용하는 그래프 이미지에 대해서 질문하였습니다.

 stable diffusion을 이용해서 인공지능 그림을 생성할거야. 텍스트를 기반으로 그림을 생성하는거야. 그림을 그릴 때 사용되는 텍스트를 프롬프트라고해. 아래와 같은 예를 들어 프롬프트를 작성해줘. 프롬프트: photo of an amazing loaded snozboffle milkshake, chocolate hurricaneism syrup, whipped creampunk, busy retro diner background 경재가 성장하는 그래프의 이미지를 생성을 위한 프롬프트를 작성해줘. 3개정도. 프롬프트는 영어로 작성되야하고. 그옆에 한글로 설명을 작성해줘

 1. Prompt:A line graph depicting the steady growth of a company's revenue over time. The line steadily rises, indicating the company's consistent success in generating income.(회사 수익의 꾸준한 성장을 나타내는 선 그래프입니다. 선은 꾸준히 상승하며 수입을 지속적으로 창출하는 회사의 성공을 나타냅니다.)

2. Prompt:A bar graph displaying the percentage increase in sales for a particular product. The bars rise sharply, indicating a significant growth in demand for the product.(특정 제품의 판매량 증가율을 보여주는 막대 그래프입니다. 바는 급격하게 상승하여 해당 제품에 대한 수요가 크게 증가하고 있다는 것을 나타냅니다.)

3. Prompt:A pie chart depicting the allocation of a company's budget across different departments. Each slice represents a different department, and the size of each slice corresponds to the amount of funding allocated to that department.(회사 예산이 각 부서에 어떻게 할당되었는지 보여주는 원형 차트입니다. 각 부분은 다른 부서를 나타내며, 각 부분의 크기는 해당 부서에 할당된 자금의 양에 해당합니다.)

프롬프트	A line graph depicting the steady growth of a company's revenue over time. The line steadily rises, indicating the company's consistent success in generating income
결과 이미지	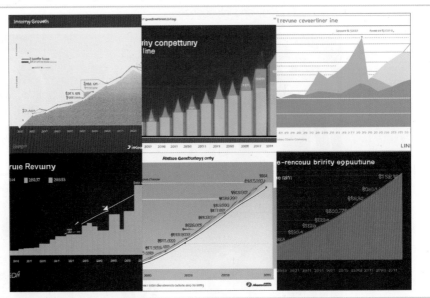

프롬프트	A pie chart depicting the allocation of a company's budget across different departments. Each slice represents a different department, and the size of each slice corresponds to the amount of funding allocated to that department
결과 이미지	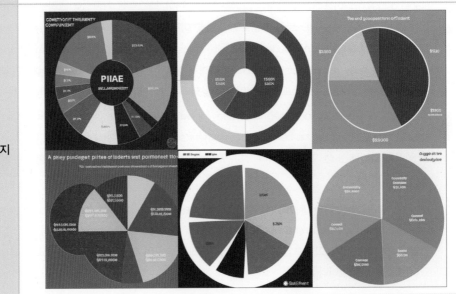

08 얼굴 사진 생성하기

10대, 30대, 50대의 얼굴 이미지를 생성해봅니다.

01 Civitai 사이트에 접속합니다.

- https://civitai.com/

02 Realistic Vision 모델을 다운로드 받아 적용합니다.

※ 다운로드받은 모델파일을 [C:₩stable-diffusion-webui₩models₩Stable-diffusion] 폴더로 이동합니다.

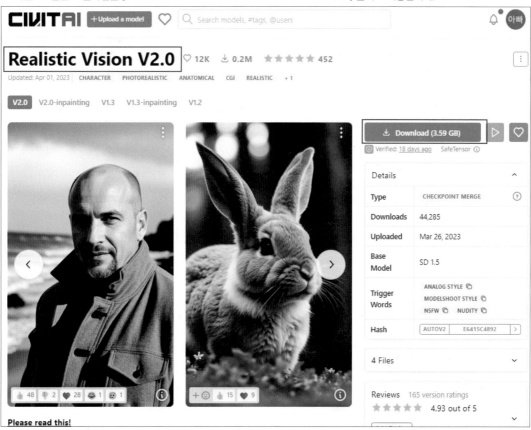

03 WebUI에서 Realistic Vision 모델로 선택합니다.

Stable Diffusion 체크포인트
realisticVisionV20_v20.safetensors [e6415c4891] ▾ 🔄

텍스트→이미지   이미지→이미지   부가기능   PNG 정보   체크포인트 병합   훈련   Civitai Helper   Promptgen   설정
확장기능

38/75

A classic and sophisticated tote bag featuring a simple and elegant design in neutral tones. The bag is made from high-quality leather and includes a spacious main compartment and several small pockets for organization.

생성

0/75

네거티브 프롬프트(Prompt) 입력(Ctrl+Enter나 Alt+Enter로 생성 시작)

스타일
× ▾

샘플링 방법   샘플링 스텝 수   20
Euler a

04 얼굴사진을 그리기 위해 챗GPT에게 프롬프트를 요청합니다.

stable diffusion을 이용해서 인공지능 그림을 생성할거야. 텍스트를 기반으로 그림을 생성하는거야. 그림을 그릴 때 사용되는 텍스트를 프롬프트라고해. 아래와 같은 예를 들어 프롬프트를 작성해줘. 프롬프트: photo of an amazing loaded snozboffle milkshake. chocolate hurricaneism syrup. whipped creampunk, busy retro diner background 10대,30대,50대 남자얼굴을 묘사하는 프롬프트를 만들어줘. 3개정도. 프롬프트는 영어로 작성되야하고. 그옆에 한글로 설명을 작성해줘

프롬프트 1: Portrait of a handsome 18-year-old with sharp features and a hint of a smile. Light stubble covers his jawline and his hair is styled into a messy, effortless look. The background is minimalist, with a white wall and natural light streaming in from the side.(한글 설명: 예쁜 미소와 날카로운 특징을 지닌 18살 소년의 초상화. 경쾌한 느낌의 메시 머리스타일과 살짝 남겨진 수염이 특징이다. 배경은 깔끔한 흰 벽과 측면에서 들어오는 자연광으로 이루어져 있다.)

프롬프트 2: A painting of a distinguished 35-year-old man with striking features. His sharp jawline is accentuated by a well-groomed beard and his piercing blue eyes stare out at the viewer. The background is dark and moody, with hints of a luxurious study.(한글 설명: 뚜렷한 특징을 가진 35살 남자의 초상화. 깔끔한 수염과 예리한 눈빛이 인상적이며, 배경은 고급서재의 느낌을 강조한 어두운 분위기로 구성되어 있다.)

프롬프트 3: A digital sketch of a rugged 50-year-old man with a kind smile. His salt-and-pepper hair is swept back and his weathered face tells stories of a life well-lived. The background is a busy city street, with hints of a bustling market in the distance.(한글 설명: 디지털 스케치로 그려진 50살의 다소 거친 느낌의 남자. 소금과 후추머리를 뒤로 빗은 모습이 인상적이며, 험난한 얼굴은 풍부한 경험을 담고 있다. 배경은 붐비는 도시 거리와 멀리서 번화한 시장의 모습이 보인다.)

05 Realistic Vision 모델로 실제 사진과 같은 이미지를 얻기 위해서 챗GPT가 알려준 프롬프트 외에 (modelshoot style:1,2),(photo:1,4)를 추가하였습니다.

긍정 프롬프트	Portrait of a handsome 18-year-old with sharp features and a hint of a smile. Light stubble covers his jawline and his hair is styled into a messy, effortless look. The background is minimalist, with a white wall and natural light streaming in from the side, (modelshoot style:1,2),(photo:1,4)(한글 설명: 예쁜 미소와 날카로운 특징을 지닌 18살 소년의 초상화. 경쾌한 느낌의 메시 머리스타일과 살짝 남겨진 수염이 특징이다. 배경은 깔끔한 흰 벽과 측면에서 들어오는 자연광으로 이루어져 있다.)
결과 이미지	
긍정 프롬프트	A painting of a distinguished 35-year-old man with striking features. His sharp jawline is accentuated by a well-groomed beard and his piercing blue eyes stare out at the viewer. The background is dark and moody, with hints of a luxurious study, (modelshoot style:1,2),(photo:1,4)(한글 설명: 뚜렷한 특징을 가진 35살 남자의 초상화. 깔끔한 수염과 예리한 눈빛이 인상적이며, 배경은 고급서재의 느낌을 강조한 어두운 분위기로 구성되어 있다.)
결과 이미지	

긍정 프롬프트	A digital sketch of a rugged 50-year-old man with a kind smile. His salt-and-pepper hair is swept back and his weathered face tells stories of a life well-lived. The background is a busy city street, with hints of a bustling market in the distance, (modelshoot style:1.2),(photo:1.4) (한글 설명: 디지털 스케치로 그려진 50살의 다소 거친 느낌의 남자. 소금과 후추머리를 뒤로 빗은 모습이 인상적이며, 험난한 얼굴은 풍부한 경험을 담고 있다. 배경은 붐비는 도시 거리와 멀리서 번화한 시장의 모습이 보인다.)
결과 이미지	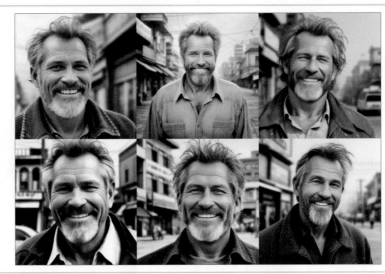

09 로고 디자인하기

로고의 디자인을 만들어봅니다.

01 Civitai 사이트에 접속합니다.
- https://civitai.com/

02 graphic-art를 다운로드 받습니다.

※ 다운로드받은 모델파일을 [C:₩stable-diffusion-webui₩models₩Stable-diffusion] 폴더로 이동합니다.

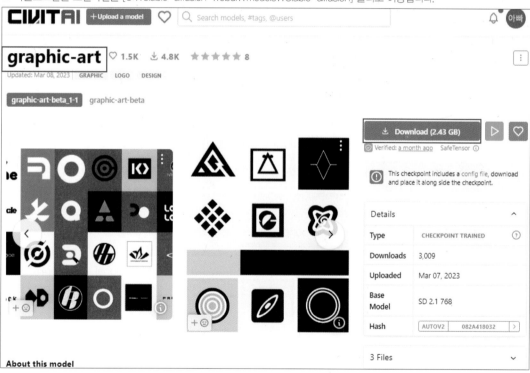

03 샘플이미지를 참고하여 프롬프트, 부정 프롬프트를 사용하였습니다. 이미지생성 프롬프트는 질문에 입력하여 비슷한 느낌의 이미지를 생성하는 프롬프트로 사용하였습니다.

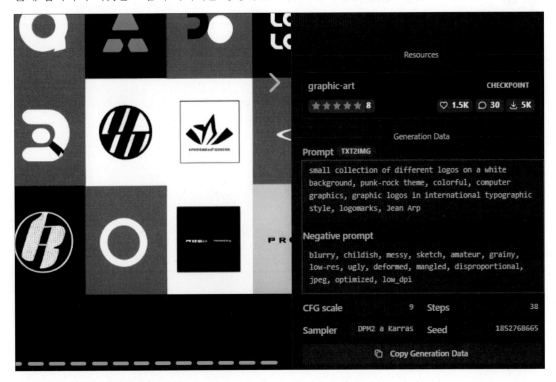

04 챗PGT에게 위의 프롬프트를 참고하여 로고디자인을 위한 프롬프트 생성을 요청하였습니다.

 stable diffusion을 이용해서 인공지능 그림을 생성할거야. 텍스트를 기반으로 그림을 생성하는 거야. 그림을 그릴 때 사용되는 텍스트를 프롬프트라고 해. 그림에 출력이 되지 않았으면 하는 프롬프트를 부정 프롬프트라고하고. 아래와 같은 예를 들어 프롬프트를 작성해줘. 프롬프트: small collection of different logos on a white background, punk-rock theme, colorful, computer graphics, graphic logos in international typographic style, logomarks, Jean Arp 부정 프롬프트: blurry, childish, messy, sketch, amateur, grainy, low-res, ugly, deformed, mangled, disproportional, jpeg, optimized, low₩_dpi 다양한 로고의 이미지를 생성할 프롬프트를 작성해줘. 3개정도. 프롬프트는 영어로 작성되야 하고. 그 옆에 한글로 설명을 작성해줘

 1. Prompt: A set of minimalist logos with geometric shapes and bright colors, inspired by Scandinavian design. (한글 설명: 스칸디나비아 디자인에서 영감을 받은 기하학적 모양과 밝은 색상으로 이루어진 미니멀한 로고 세트.)

2. Prompt: A series of vintage-style logos with distressed textures, inspired by old American diners and roadside motels. (한글 설명: 올드 아메리칸 다이너와 로드사이드 모텔에서 영감을 받은 디스트레스 텍스처와 빈티지 스타일의 로고 시리즈.)

3. Prompt: A collection of futuristic logos with metallic textures and bold typography, inspired by sci-fi movies and video games. (한글 설명: 과학영화와 비디오 게임에서 영감을 받은 금속적 텍스처와 대담한 타이포그래피를 사용한 퓨처리스틱 로고 컬렉션.)

챗GPT가 생성해준 로고디자인 프롬프트를 이용하여 이미지를 생성하였습니다.

긍정 프롬프트	A set of minimalist logos with geometric shapes and bright colors, inspired by Scandinavian design
부정 프롬프트	blurry, childish, messy, sketch, amateur, grainy, low-res, ugly, deformed, mangled, disproportional, jpeg, optimized, low_dpi
결과 이미지	

긍정 프롬프트	A series of vintage-style logos with distressed textures, inspired by old American diners and roadside motels
부정 프롬프트	blurry, childish, messy, sketch, amateur, grainy, low-res, ugly, deformed, mangled, disproportional, jpeg, optimized, low_dpi
결과 이미지	

긍정 프롬프트	A collection of futuristic logos with metallic textures and bold typography, inspired by sci-fi movies and video games
부정 프롬프트	blurry, childish, messy, sketch, amateur, grainy, low-res, ugly, deformed, mangled, disproportional, jpeg, optimized, low_dpi
결과 이미지	

10 이미지를 이용하여 새로운 이미지 생성하기

이미지에서 이미지의 프롬프트를 가져와 챗GPT에게 다시 프롬프트를 요청하여 이미지를 생성해봅니다.

01 구글에서 "별이 빛나는 밤 다운로드"로 반고호 그림을 다운로드 받았습니다.

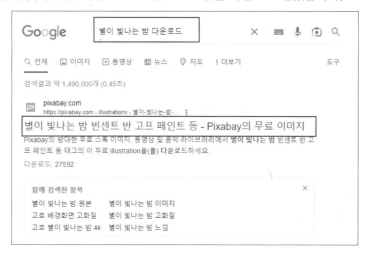

02 별이 빛나는 밤 그림을 다운로드 받았습니다.

03 WebUI의 이미지→이미지 분석에 이미지를 입력 후 [DeepBooru 분석] 버튼을 눌러 이미지를 분석합니다.

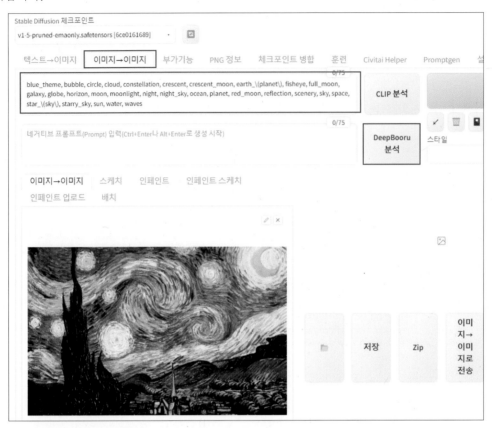

04 분석된 이미지를 다시 챗GPT에 입력하여 다양한 아이디어를 얻습니다.

 stable diffusion을 이용해서 인공지능 그림을 생성할거야. 텍스트를 기반으로 그림을 생성하는거야. 그림을 그릴 때 사용되는 텍스트를 프롬프트라고해. 아래와 같은 예를 들어 프롬프트를 작성해줘.

프롬프트: blue_theme, bubble, circle, cloud, constellation, crescent, crescent_moon, earth_\\(planet\\), fisheye, full_moon, galaxy, globe, horizon, moon, moonlight, night, night_sky, ocean, planet, red_moon, reflection, scenery, sky, space, star_\\(sky\\), starry_sky, sun, water, waves

위의 프롬프트를 참고해서 다양한 아이디어로 프롬프트를 3개 생성해줘

 프롬프트 1: sunset, palm trees, beach, sand, waves, orange sky, seagulls, coconut trees, ocean, horizon, beach chairs, seafoam, sun-kissed, shoreline, warm breeze

프롬프트 2: cityscape, skyscrapers, lights, traffic, bridge, river, skyline, urban, bustling, street art, taxis, pedestrian walkways, high rises, architecture, night lights

프롬프트 3: fireflies, forest, moonlit, dewdrops, mushrooms, animals, mossy trees, ferns, riverbank, stars, campfire, hiking trail, nature, waterfall, hidden clearings

05 챗GPT가 생성한 프롬프트를 입력하여 이미지를 생성하였습니다. , (Van Gogh:1.2)를 추가하여 반고흐의 그림체로 그림을 생성하였습니다.

프롬프트	fireflies, forest, moonlit, dewdrops, mushrooms, animals, mossy trees, ferns, riverbank stars, campfire, hiking trail, nature, waterfall, hidden clearings, (Van Gogh:1.2)
결과 이미지	

프롬프트	sunset, palm trees, beach, sand, waves, orange sky, seagulls, coconut trees, ocean, horizon, beach chairs, seafoam, sun-kissed, shoreline, warm breeze, (Van Gogh:1.2)
결과 이미지	

프롬프트	cityscape, skyscrapers, lights, traffic, bridge, river, skyline, urban, bustling, street art, taxis, pedestrian walkways, high rises, architecture, night lights, (Van Gogh:1,2)
결과 이미지	

네이버톡톡으로 파일전송 방법

① 주문방법

초보도 따라하는 인공지능
그림 그리기 페이지 선택

출력물의 사이즈 선택 후
액자or 캔버스 선택

② 파일전송

톡톡문의 실행   파일아이콘
클릭후 파일첨부   파일전송여부 확인 및
내역확인

**이미지를 보내주실때 이미지 생성에 사용했던 프롬프트 및 정보를
함께 보내주시면 좋은 퀄리티의 출력물을 받아 보실 수 있습니다.**